아일랜드

I R E L A N D

일러두기

이 책에서 역사 부분은 '잉글랜드'로, 현대 부분에서는 '영국'으로 구분했습니다.

세계 문화 여행

아일랜드

IRELAND

알렉산드라 퍼비 지음 ㅣ **오은수** 옮김

세계의 **풍습과 문화**가
궁금한 이들을 위한
필수 안내서

시그마북스
Sigma Books

세계 문화 여행 _ 아일랜드

발행일 2026년 1월 5일 초판 1쇄 발행
지은이 알렉산드라 퍼비
옮긴이 오은수
발행인 강학경
발행처 시그마북스
마케팅 정제용
에디터 최연정, 최윤정, 양수진
디자인 강경희, 정민애, 김문배

등록번호 제10-965호
주소 서울특별시 영등포구 양평로 22길 21 선유도코오롱디지털타워 A402호
전자우편 sigmabooks@spress.co.kr
홈페이지 http://www.sigmabooks.co.kr
전화 (02) 2062-5288~9
팩시밀리 (02) 323-4197
ISBN 979-11-6862-435-1 (04900)
        978-89-8445-911-3 (세트)

CULTURE SMART! IRELAND

Cover image: 'Deck of Cards' houses in Cobh, a harbour town in County Cork. © iStock by benstevens .

Shutterstock: 16 by Wirestock Creators; 18 by MNStudio; 19 by essevu; 20 by Foto Para Ti; 35 by yggdrasill; 36 by Maurizio Callari; 65 by Leonid Andronov; 68 by JeniFoto; 84 by Thoom; 94 by Kiselev Andrey Valerevich; 94, 2140 by D. Ribeiro; 108, 121 by Peter Krocka; 110 by Frank Lambert; 123 by ju_see; 127 by Gordon Dunn; 140 by Pierre Leclerc; 144 by wavebreakmedia; 158 by DarkBird, 160 by Fairy Hollow Photo; 163 by Rolf G Wackenberg; 163 by foxhound photos; 165 by ROBIN MACGREGOR; 184 by Milosz Maslanka; 186 by Brian Logan Photography; 187 by AS Foodstudio; 194 (top) by Slawomir Fajer; 194 (middle) by Nickola_Che; 194 (bottom) by Stephen Barnes; 197 by Kris Dublin; 202 by VanderWolf Images; 210 by gabriel12; 224 by Damien Storan; 225 by Clare O'Beara; 227 by meunierd; 229 by mark gusev; 236 by Dhanoo Surasarang; 239 by Alex_Mastro; 251
by Desmond Foley; 265 by Q Wang.
Unsplash: 222 by Michael Shannon; 258 by Sarah Elizabeth.
Public Domain: 43, 55, 89, 170.

아일랜드 전도

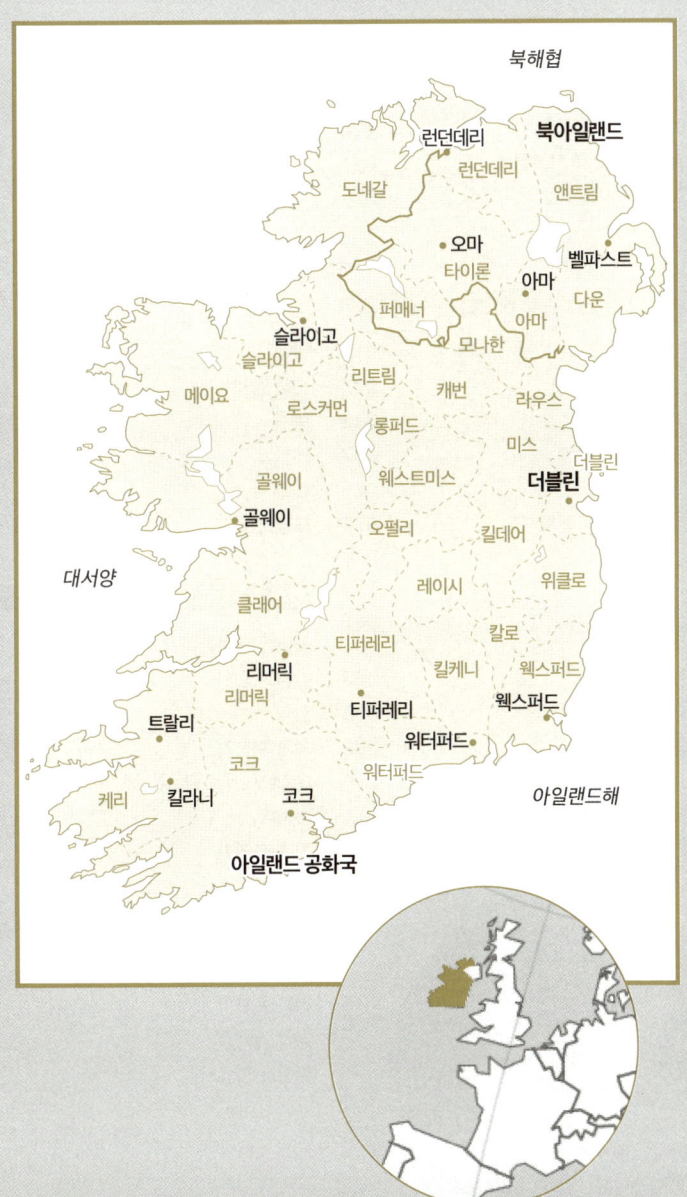

북해협

런던데리　　북아일랜드

도네갈　　런던데리

앤트림

오마　　벨파스트

타이론　아마

퍼매너

슬라이고　　모나한

슬라이고

메이요　　리트림　캐번　라우스

로스커먼

롱퍼드　미스

골웨이　　웨스트미스　더블린

골웨이　　오펄리　킬데어

대서양

레이시　위클로

클래어

티퍼레리　칼로

리머릭　킬케니　웩스퍼드

리머릭　티퍼레리　웩스퍼드

트랄리　워터퍼드

코크　워터퍼드

케리　킬라니　코크　아일랜드해

아일랜드 공화국

차   례

유럽 최서단에서 대서양을 마주 보고 있는 아름다운 섬 아일랜드는 국토는 작지만, 강력한 영향력을 가지고 있으며 엄청난 시련을 견뎌왔다. 역경을 견디고 오늘날의 아일랜드가 있게 된 데는 국민의 역할이 컸다. 아일랜드의 문학, 음악, 드라마는 전 세계 예술에 많은 유산을 남겼다. 전 세계 사람들이 아일랜드 특유의 문화와 환대를 경험하기 위해 오랜 세월 동안 이곳을 찾는 것도 전혀 놀랄 일이 아니다. 이 책에서는 아일랜드가 가진 창의력에 비옥한 토양이 되어준 고대 문명과 격동의 역사에 관해 이야기한다.

아일랜드 방문객들 가운데 가문의 뿌리를 더 깊이 알고 싶어 이곳을 찾는 사람들이 많다. 미국 인구의 약 10%는 아일랜드계이며 가장 잘 알려진 인물은 존 F. 케네디 전 대통령이다. 케네디 대통령의 증조부모는 19세기 중반에 아일랜드를 떠나 미국으로 이주한 이민자였다. 뉴질랜드, 캐나다, 호주에도 비슷한 사례가 많고 각각 전체 인구의 약 10~15%는 아일랜드계이다. 세계 각국에 흩어져 있는 아일랜드 후손들의 기억은 낭만적 신화와 현실과 동떨어진 낡은 기억에 가려져 있다.

어떤 연유로 아일랜드를 방문했던 아일랜드와 아일랜드 사람들에 관해 가지고 있던 기억들은 순식간에 깨지고 만다. 지난 10년 동안 아일랜드는 사회·경제·정치적으로 급격한 변화를 겪었으며, 2008년 글로벌 금융위기를 극복한 이후에는 기술과 제약 분야에서 다국적 기업을 유치해 경제에 새로운 부흥을 일으켰다. 현재 아일랜드는 전 세계 기술 혁신의 허브이며 아일랜드 경제의 핵심 원동력 가운데 하나가 바로 외국 투자 자본이다. 정치의 판도 역시 변화를 맞고 있다. 새로운 정당과 연합 세력이 정계를 장악하고 있던 기존 전통 정당의 아성에 도전하고 있으며, 특히 신 페인sinn Fein 당의 약진은 기성세대에 대한 젊은 세대의 환멸과 실질적인 변화를 꿈꾸는 열망이 담겨 있다. LGBTQ나 낙태 등 사회 문제에서 볼 수 있듯 사회 전반에서 가치관이나 인식이 급격하게 변하고 있다. 2015년 국민투표를 통해 동성 결혼이 합법화됐으며, 2018년 국민 투표는 오랜 세월 지속했던 낙태 금지법을 폐지했다. 국민투표 결과는 아일랜드가 가톨릭의 보수적인 속박에서 벗어나는 시발점이 되었으며 변화의 시작을 알리는 계기가 됐다.

이 책에서는 오늘날 아일랜드를 이루는 가치관과 태도를 이해하고 그들이 살아온 역사와 자연환경이 어떻게 형성되었는지 하나씩 풀어간다. 아일랜드의 전통과 풍부하고 아름다운 음악과 문학, 여가를 보내는 방법, 비즈니스를 하는 방식, 이들의 삶 전반에 관한 이야기를 담고 있다. 이 책을 통해 아일랜드를 알고 사람들을 이해한다면, 아일랜드를 방문했을 때 분명 환영받을 수 있을 것이다. 그뿐만 아니라 많은 기회의 문이 열리고 자신만의 고유한 정체성을 자랑스럽게 여기는 아일랜드 사람들의 따뜻하고 풍요로운 마음까지도 열게 할 것이다. 아일랜드 사람들의 인사처럼, "Céad míle fáilte" 진심을 담아 수만 번 환영합니다.

아일랜드 공화국 기본정보

아일랜드는 유럽 서쪽 해안에 자리하고 있는 섬으로 지리적으로는 하나이지만, 정치적으로는 둘로 나뉘어 있다. 하나는 독립 국가인 에이레(Eire)로 북아일랜드와 구별하기 위해 흔히들 "공화국"이라고 부른다. 북아일랜드는 영국 연합의 구성국 가운데 하나로 일정 부분 자치권을 가지고 있다.

공식 명칭	에이레 혹은 아일랜드	1937년 아일랜드 공화국 헌법 제4조는 "국가의 명칭은 에이레, 영어로는 아일랜드"라고 명시한다.
수도	더블린	
주요 도시	더블린, 코크, 골웨이, 리머릭	
면적	약 70,000km²로 북동쪽 일부분을 제외하고 아일랜드 섬 전체의 85%를 차지한다.	
기후	온대 기후	
인구	약 520만 명으로 더블린에만 100만 명이 넘는다. 인구의 60%는 도시에 거주하며 대부분 더블린에서 100km 이내에 거주한다. 인구 증가율은 연 1.12%다.	
통화	유로	
인종	아일랜드 토착민 77%, 기타 백인(영국 및 유럽연합 회원국 출신 포함) 10.3%, 남아시아 3.7%, 소수의 유대인과 중국 소수 민족	
가족 구성원 수	1가구당 평균 1.3 자녀	
생활비	아일랜드 공화국의 생활비는 영국과 크게 다르지 않다.	
언어	게일어와 영어를 공식 언어로 사용하지만, 게일어는 교육과정에만 포함되어 있고 일상에서 구사할 수 있는 사람이 매우 적으며 이들조차 평소에는 영어를 쓴다. 반면 공공장소에서는 게일어 단어를 많이 볼 수 있다.	
종교	약 70%는 공식적으로 로마 가톨릭 신자이며 14.8%는 무신론자, 4%는 개신교이며 약 2%는 정교회 교회에 다닌다. 이 밖에도 소수의 이슬람, 힌두, 시크, 불교 신자들이 있다.	

정부	에러크터스라고 하는 아일랜드 정부 의회는 상원인 세나드 에런과 하원인 달 에런으로 구성되어 있다. 7년 임기의 대통령이 국가 원수이며 실권은 티셔흐, 즉 총리에게 있다.
지방 정부 체계	에이레는 총 26개의 주로 구성되어 있다. 고대 아일랜드에는 얼스터, 먼스터, 렌스터, 코노트 총 4개의 왕국이 있었지만, 얼스터는 현재 북아일랜드에 속한다.
법률 제도	아일랜드 법률 시스템은 대법원의 판사들이 수장을 맡고 있으며, 대법원 판사는 총리와 내각의 자문을 통해 대통령이 임명한다. 기본적으로 영국의 영미법에 기반을 두고 있지만, 독립 이후 제정된 아일랜드 헌법과 법률 및 판결에 따라 많은 부분이 수정됐다.
항구와 공항	주요 항구는 더블린과 코크에, 주요 공항은 더블린과 섀넌에 있다.
미디어	국영 방송사인 아일랜드 텔레비전-라디오(RTÉ)는 RTE1과 Network2라는 두 개의 영어 채널과 게일어 채널인 TG4을 운영하고 있다. TV3는 민영 방송사이다. 북아일랜드에 송출되는 BBC를 비롯해 다른 영국 채널들도 아일랜드 공화국 대부분 지역에서 시청할 수 있다. RTÉ의 라디오1은 시사와 음악 프로그램, 라디오1엑스트라는 시사, 2FM은 대중문화, 리릭 FM은 클래식 음악, 라디오나 게일턱타는 게일어로 방송하는 등 총 5개의 채널을 운영하고 있다. 2개의 전국 상업 방송사와 수많은 지역 라디오 방송 채널이 있다.
영어 미디어	<아이리시 인디펜던트>, <아이리시 타임스>, <아이리시 이그제미너> 등 대규모 발행 부수를 자랑하는 전국 신문
전기	아일랜드 전기는 220~240V, 50Hz를 쓴다. 콘센트와 플러그는 영국과 같지만, 유럽 대륙의 방문객들은 어댑터가 필요하다. 미국인들은 플러그와 콘센트뿐만 아니라 전압과 주파수 차이로 어댑터까지 챙겨야 한다.
인터넷 도메인	.ie
전화	아일랜드의 국제전화 국가번호 00 353
시간	우리나라보다 9시간 느리다(3월부터 10월까지 GMT를 따르고 여름철에는 영국 서머타임을 적용한다).

북아일랜드 기본정보

공식 명칭	북아일랜드 주	북아일랜드는 간혹 얼스터라고 부르기도 하는데, 옛 얼스터 왕국의 9개 주 중에 북아일랜드에 속한 주는 6개뿐이다.
수도	벨파스트	
주요 도시	벨파스트, 런던데리, 오마	
면적	14,000km^2	
기후	온대 기후	
인구	190만 명 가운데 벨파스트의 인구만 34만 8천 명으로 대다수가 동부에 거주하고 있다.	
통화	파운드 스털링. 영국 지폐와 동전이 법정 통화이며 스코틀랜드 은행에서 발행하는 통화도 인정된다. 북아일랜드 은행 4곳에서 자체적으로 지폐를 발행하기도 한다.	
인종	89%가 북아일랜드 사람으로 이들 상당수는 스코틀랜드 계통이다. 소수의 인도계 사람들이 있고 폴란드와 중국 커뮤니티로 구성되어 있다.	
가족 구성원 수	여성 한 명당 평균 자녀 수는 2.0	
생활비	영국의 모든 지역보다 적다.	
언어	영어	
종교	45.7% 가톨릭과 43.4% 개신교로 구성되어 있으며 나머지는 대부분 무신론자이다.	
정부	북아일랜드에서 선출된 18명의 의원이 영국 의회에 참석한다. 스톰몬트에 북아일랜드 의회가 있긴 하지만, 입법과 행정 권한이 제한적이다.	
법률 제도	영국의 법률 제도를 따르지만, 1974년 테러 방지법 이후 일부 개정됐다.	
전기	영국 내 다른 지역과 같이 240V를 사용한다.	

미디어	영국 전역의 미디어와 연결되어 있으며 아일랜드 공화국의 인쇄 매체, 텔레비전, 라디오와도 겹치는 채널이 있다. BBC1과 BBC2는 공영 채널로 지역 뉴스를 방송한다. BBC4는 북아일랜드에서도 시청할 수 있으며 ITV 얼스터는 민영 방송사이다. 이밖에 에이레와 영국 본토에서 송출되는 디지털 채널도 시청할 수 있다.	영국 전역에 송출되는 5개의 BBC 라디오 채널과 3개의 상업 라디오 채널(클래식 FM, 토크 스포츠, 버진 라디오)은 북아일랜드에서 청취할 수 있다. BBC에서 운영하는 BBC 라디오 얼스터와 상업 방송인 다운타운 라디오, 총 2개의 국영 라디오 방송사가 있으며 이외에도 여러 개의 지역 라디오 방송사가 있다.
항구와 공항	영국 주요 항구 가운데 하나가 벨파스트에 있다. 국제공항은 벨파스트에서 32km 정도 떨어진 곳에 있지만, 도시 내에 단일 활주로를 갖춘 소규모 공항이 있다.	
전화	국제전화 국가번호는 영국과 같은 00 44를 사용한다.	
시간	우리나라보다 9시간 느리다(3월부터 10월까지 GMT를 따르고 여름철에는 영국 서머타임을 적용한다).	

01

영토와 국민

아일랜드 사람들의 생활 방식과 자신과 타인을 대하는 태도는 지리적 위치와 지형, 풍토의 영향을 많이 받았다. 녹음이 짙은 풍경은 아일랜드를 상징하는데, 이 녹색은 아일랜드의 국가 정체성을 나타내기도 한다. 아일랜드 국기는 녹색, 흰색, 주황색 3색으로 되어 있고, 국가 대표 선수들도 녹색 유니폼을 입는다. 예전에는 공중전화 부스조차 녹색이었다.

지형과 기후

'에메랄드 섬'(아일랜드의 풍부하고 짙은 녹색 자연경관을 에메랄드의 초록색에 비유하면서 생긴 말-옮긴이)이라는 별칭을 가진 아일랜드는 유럽 대륙의 가장자리에 있는 섬나라로 웨일스, 잉글랜드, 스코틀랜드 해안에서 몇 킬로미터 떨어져 있다. 아일랜드 날씨는 대서양의 영향을 받아 강풍이 불지만, 멕시코 만류 덕분에 온화한 해양성 기후를 띠고 있어 겨울에는 따뜻하고 여름에는 시원한 날씨를 즐길 수 있다. 변덕스럽고 종잡을 수 없는 날씨를 두고 아일랜드 사람들은 하루 만에 사계절을 전부 경험할 수 있다고 농담을 하곤 한다. 아일랜드는 유럽에서 세 번째로 큰 섬나라로 물결처럼 넘실거리는 구릉 지대와 험준한 해안선, 끝없이 이어지는 강물과 별처럼 점점이 박힌 호수들로 이루어져 있다. 아일랜드 중심부에는 평원과 계곡이 있고 서부와 북서부는 산지로 뒤덮여 있다.

아일랜드 사람들의 생활 방식과 자신과 타인을 대하는 태도는 지리적 위치와 지형, 풍토의 영향을 많이 받았다. 녹음이 짙은 풍경은 아일랜드를 상징하는데, 이 녹색은 아일랜드의 국가 정체성을 나타내기도 한다. 아일랜드 국기는 녹색, 흰색, 주

코네마라의 트웰브 벤즈 봉우리를 배경으로 한 트웰브 파인 섬의 풍경

황색 3색으로 되어 있고, 국가 대표 선수들도 녹색 유니폼을 입는다. 예전에는 공중전화 부스조차 녹색이었다.

아일랜드 서해안에 있는 코네마라 국립공원은 야생의 아름다움을 그대로 간직하고 있으며 트웰브 벤즈(또는 트웰브 핀즈) 산맥에 둘러싸여 있다. 호수와 강, 짙은 녹음을 담은 계곡도 볼거리다. 순백의 백사장이 드러난 아일랜드 해안은 외딴곳이 많아 탐험을 즐기거나 해변을 산책하고 수영을 하기에 안성맞춤이다. 깎아지르는 듯한 암벽과 우뚝 솟은 산봉우리가 해변을 내려다보고 있어 산책 코스로 인기가 많다. 코네마라 국립공원에는 여러 산책로와 등산로가 있는데, 다이아몬드 힐 정

케리 주 던로갭의 위싱브리지

상으로 이어지는 코스가 가장 유명하다. 다이아몬드 힐 코스는 주변 전원 풍경이 한눈에 내려다보이는 광활한 전망을 자랑한다.

북서쪽으로는 절경의 해변을 끼고 있는 도네갈이 있고, 도네갈 남쪽에는 윌리엄 예이츠의 시 덕분에 불멸의 명성을 얻은 슬리고 마을이 있다(아일랜드의 국민 시인이자 극작가인 예이츠는 "나는 슬리고가 그립다. 그곳은 내 마음의 고향이다"라는 말을 남겼다-옮긴이).

아일랜드의 고지대는 독특하고 개성이 있는 아름다움을 선사한다. 몬 산맥의 최고봉인 슬리브 도나드는 850미터 높이로 바다까지 뻗어 내려간다. 아일랜드 작곡가 퍼시 프렌치 덕분에

명성을 얻은 이 웅장한 산맥은 '뛰어난 자연경관 지역'(Area of Outstanding Natural Beauty, 영국과 아일랜드에서 공식적으로 지정한 뛰어난 자연을 자랑하는 지역으로 경관을 보호하고 관리하기 위해 지정됐다 – 옮긴이)이자 유네스코에서 지정한 세계지질공원이다.

　레이시와 오펄리를 가로지르는 슬리브 불룸 산맥은 아일랜드 중심부에 있는 평야 지대 한가운데에 마치 섬처럼 우뚝 솟아올라 있으며 유럽의 오래된 산맥 중 하나다. 중심부에 있는 덕분에 접근성이 높다. 동쪽으로 뻗은 위클로 산맥은 아일랜드에서 가장 넓고 큰 연속 고지대 지역을 형성하고 있다. 서남부 케리 주의 맥길리커디스 릭스는 아일랜드에서 가장 높은 산맥

으로 최고봉은 그 높이가 1,308m에 달한다.

아일랜드는 언덕과 평야가 주를 이루지만, 강과 호수도 빼놓을 수 없다. 북아일랜드를 제외한 아일랜드 공화국에만 1,390km²의 수역이 있다. 킬라니의 아름다운 호수에 대해 다들 한 번쯤은 들어보았겠지만, 얼스터의 네이호가 영국과 아일랜드 전역에서 면적 기준 가장 큰 호수라는 건 잘 알려지지 않았다. 현재 아일랜드의 수력 발전은 국가 전기 생산량의 2.5%를 차지하고 있다.

리 강, 블랙워터 강, 수어 강, 바로우 강, 리피 강, 벨파스트를 지나는 라간 강은 모두 동쪽으로 흐른다. 유일하게 반 강이 북쪽으로 흐르며 402km에 달하는 섀넌 강은 영국과 아일랜드에서 가장 긴 강으로 남쪽을 향해 흐른다.

섀넌 강 북쪽으로는 절경이 아름다운 클래어 주^州가 있으며 험준한 바위로 덮인 버렌은 독특한 지형을 자랑한다. 유명한 만^灣을 품고 있는 골웨이는 아일랜드 서부의 주요 도시로 육지보다는 바다를 향한 항구도시다.

코노트에는 바다와 연결된 강은 없지만, 물이 부족하지는 않다. 서부 코노트는 아일랜드의 정체성이 가장 뚜렷한 곳이며 분명 가장 습한 지역이기도 하다. 대서양을 지나온 습기가 가득한 구름이 솟아오르는 지형과 맞닿으면서 쏟아지듯 비가 내린다. 코노트 지방을 제외한 다른 곳에도 비는 많이 내린다.

에메랄드 섬의 짙은 녹색은 일정량의 비가 내리는 날씨에서 비롯됐다. 아일랜드의 수도 더블린 주변의 가장 건조한 지역조차 연간 130여 일 정도 비가 내리며, 연간 총강수량은 75cm에 달한다.

아일랜드에 온 지 얼마 안 된 사람들조차 햇빛이 쨍쨍한 오뉴월에도 집 밖에 나갈 때는 우산이나 방수 장비를 챙겨야 한다는 걸 금방 체득한다. 반대로 날씨가 흐릿한 2월이나 11월에는 뜻밖의 맑은 날씨를 기대할 만하다. 예상치 못한 순간에 햇

살이 내리쬐면서 맑은 날을 즐길 수 있다. 맑은 햇빛에 습도가 더해지면서 골웨이 만 위에 아름다운 일몰과 화려한 무지개를 수놓는다. 만약 레프러콘의 금궤를 손에 넣고 싶다면 무지개 끝을 찾기만 하면 된다(레프러콘은 아일랜드 전설에 등장하는 요정으로 작고 수염이 있는 남자의 모습을 하고 있다. 신발을 수선하고 금궤를 숨겨놓는 다고 한다. 아일랜드는 마법 같은 나라이며 꿈을 품게 하는 땅이라는 표현이다 -옮긴이).

아일랜드 사람이 "좋은 날씨네요"라고 말한다면, 날씨가 상쾌하다는 뜻이다. 공기가 시원하지만 춥지는 않고 단지 약간의 습도만 있는 날씨라고 볼 수 있다. 비가 눈으로 변하는 일은 거의 없고, 아일랜드 동부의 기온은 1월에는 약 $4°C$ 정도이고 8월이 되면 약 $20°C$까지 오른다.

온화하고 습한 기후는 아일랜드 문화에 다양한 면모를 보여준다. 중부 지방에는 이탄이끼가 옛 호수와 습지를 메우며 수천 년에 걸쳐 융기된 습지가 형성됐다. 이탄이끼를 말리면 연료로 사용할 수 있어서 이탄 습지를 연료 목적으로 많이 배수했다. 농가의 굴뚝에서 피어 나오는 이탄이끼(아일랜드 사람들은 이탄을 "터프"라고 부른다)를 태우는 향기는 잊을 수 없을 정도다. 아일랜드는 유럽에 남아 있는 활성 고지대 습지의 60%를 보유하고 있다.

아일랜드의 소고기와 유제품은 품질이 좋기로 유명하고 농업 생산량의 대부분은 가축 및 관련 제품으로 구성되어 있다. 아일랜드 전역에 약 14만 개의 농장이 있는데, 그중 약 10만개의 농장에서 소고기를 생산하고 있다. 이는 아일랜드 국가 농업 생산량의 25%에 달한다. 아일랜드의 주요 재배 곡물은 밀, 오트밀, 보리로 대부분 가축 사료로 사용하거나 빵이나 오트밀 등의 식품을 만든다. 아일랜드 농지의 84%는 목초지나 방목지로 사용된다. 아일랜드 중부에 펼쳐진 넓은 목초지는 주로 낙농업에 쓰이는데 돼지를 사육한다. 커라흐 평원의 목초지는 말을 방목하기에도 좋은 곳이다. 옥수수를 재배하기 적합한 땅은 적지만, 귀리와 감자가 많이 자란다. 상대적으로 건조하고 햇빛이 좋은 남동부 지방에서는 코크 지역의 보리가 맥주와 위스키 원료로 명성을 얻고 있다.

애런 제도는 골웨이만 입구에 있는 섬으로 대서양의 파도와 강풍을 견딘 바위가 절경을 이룬다. 이곳은 녹음이 펼쳐진 풍경과 그림 같은 농가, 아란 스웨터, 아일랜드 게일어를 구사하는 현지인들로 유명하며, 상대적으로 떨어진 지리적 위치 덕분에 세 개의 섬, 즉 이니시모어, 이니시만, 이니시어에서는 전통적인 아일랜드 생활을 유지해왔다. 2024년 기준으로 이곳의 인구는 대략 1,350명 정도다.

사람들이 살기 시작한 지 4000년이 넘은 애런 제도는 고대 유물과 켈트족 유산의 보물창고라고도 할 수 있다. 대부분의 섬 주민은 유창한 영어를 구사하지만, 게일어를 모어로 구사하는 사람이 훨씬 많다. 실제로 20세기 말까지만 해도 게일어만 구사하는 사람의 비율이 압도적으로 많았다. 험한 자연환경 속에서 생계를 이어가기 위해 애런 제도의 어부들은 캔버스 천을 씌운 나무배 커래치^{currach}를 타고 대서양의 거친 파도를 용감하게 헤치고 나가 물고기를 잡았다.

현재 애런 제도의 경제는 예전보다 풍요롭다. 연간 25만 명 정도가 애런 제도를 찾는데 주로 여름에 많이 온다.

· 과유불급 ·

관광객들은 아일랜드 특유의 아란 스웨터와 트위드 스웨터를 기념으로 한가득 챙긴다. 물론 관광하는 동안은 맘껏 입어도 좋겠지만 적당한 선에서 멋을 내야 한다. 과한 스웨터 차림은 가벼운 농담거리가 될 수 있으므로 금물이다.

북아일랜드의 토지 면적은 아일랜드섬 전체의 20%에 불과하지만, 인구는 27.1%에 달한다. 대부분은 벨파스트 부근 동부에 거주하고 있지만 언제든 한적하고 평화로운 곳으로 얼마든지 떠날 수 있다.

북아일랜드 지형은 아일랜드의 다른 지역과 크게 다르지 않다. 엄밀히 따지면 정확한 표현은 아니지만 가끔 북아일랜드를 '얼스터'라고 부를 때가 있는데, 현재 아일랜드 공화국에 속하는 세 개의 주(캐번, 모나한, 드니골 - 옮긴이)는 옛 얼스터 왕국의 소유였다.

북아일랜드는 아일랜드 공화국의 다른 지역과 마찬가지로 비가 오는 날이 많지만 대신 겨울에도 온화한 날씨를 즐길 수

• 북아일랜드식 유머 •

얼스터의 노인: 벨패스트 로(Belfast Lough) 맞은편에 있는 키릭퍼거스 캐슬이 보인다면, 곧 비가 온다는 소리지.

관광객: 안 보이면요?

얼스터의 노인: 그럼 이미 비가 오고 있다는 거고.

있다. 습도가 높고 수질이 좋은 북아일랜드는 아마를 재배하고 가공하는 데 안성맞춤으로, 북아일랜드의 리넨은 전 세계적으로 유명하다.

지진을 피하고 싶다면 지구상에서 가장 안전한 곳이 바로 아일랜드다. 이제껏 아일랜드 어디에서도 지진의 진원지를 발견하지 못했다.

사회와 사람

겉모습을 보고 영국, 스코틀랜드, 웨일스 사람과 아일랜드 사람을 정확하게 구별하기 어렵다. 서로 옷차림도 비슷하고 같은 언어를 구사하며 많은 부분에서 취향마저 비슷하기 때문이다. 물론 언제나 이렇게 비슷한 건 아니다. 겉으로 보이는 모습 이면에는 결정적인 차이가 있는데, 이는 역사적인 경험에서 비롯된다.

아일랜드는 복잡한 나라이므로 겉으로 보이는 닮은 모습만 보고 판단한다면 오해를 할 수 있다. 아일랜드에서 나고 자란 사람들을 이해하려면 아일랜드가 겪었던 역사적인 사건들과 지금도 그들의 생각과 감정에 스며들어 결을 빚은 사건들을 이해해야 한다. 아일랜드의 관습, 전통, 그들이 세상을 대하는 방식을 배운다면 이들에게 환대받으며 훨씬 풍부한 아일랜드를 경험할 수 있다.

아일랜드는 수백 년 동안 잉글랜드의 식민 지배를 받았으며, 19세기에는 대기근(1845년부터 7년 동안 발생한 감자 역병으로 아일랜드 국민 수백만 명이 굶어 죽었고 미국으로 향하는 배에 올랐던 사람들마저 열악한 환경 속에서 대서양을 건너다 20만 명 정도가 사망했다-옮긴이)이 발생하면서 아일랜드 사람들은 고향을 떠나거나 굶어 죽고 말았다. 아일랜드 역사에 무지한 영국 사람들이 있는데, 아일랜드를 이해하기 위해 조금 더 노력했다면 아마 많은 것이 달라졌을 것이다. 반면 아일랜드 사람들은 자국의 역사와 신화에 관심이 많고, 아일랜드의 역사와 종교가 오늘날 아일랜드의 민족 정서의 바탕을 이루고 있다. 이 책에서 아일랜드 역사의 여러 단편을 접할 수 있는 이유도 여기에 있다.

아일랜드는 거의 800년 동안 잉글랜드의 식민 지배를 받았다. 식민 통치를 하던 상당 기간 잉글랜드(이 책에서는 역사 부분은 '잉글랜드'로, 현대 부분에서는 '영국'으로 구분했다-옮긴이)는 더블린을 중심으로 반경 80km 내의 지역을 실질적으로 관리하였는데 이 지역을 '더블린 팔레'라고 했다. 잉글랜드의 통치권이 닿지 않은 곳 사람들은 야만인으로 취급하고 그곳을 '팔레 저편'이라고 불렀다. 잉글랜드는 800년 가까이 아일랜드를 지배하며 팔레를 포함한 아일랜드 곳곳을 점령했는데, 이들의 통치는 무자비하고 강압적이어서 민중의 분노가 서리게 했다.

【 변화하는 사회 】

아일랜드 계급 구조는 지난 몇백 년 동안 발전을 거듭했지만, 잉글랜드의 신분 계급 사회에 그 뿌리를 두고 있다. 아일랜드 인구는 신분 위계에 따라 철저히 구분됐는데, 토지 소유주와 잉글랜드계 지배 귀족이 최상위 계급에 속했고 소작농, 노동자, 도시 노동자가 순서대로 그 뒤를 이었다. 과거 토지를 소유한 귀족 계층이었던 잉글랜드계 지배 귀족은 현대에도 남아 있으며, 이제는 존경의 대상보다는 관용의 대상이다. 특히 아일랜드 농부들이 더는 소작을 하지 않고 자기 토지를 소유하게 되면서 더욱 그렇게 됐다.

20세기 초 아일랜드는 영국의 식민 지배를 벗어나 마침내 독립을 선포한 후 더욱 평등한 사회를 꿈꾸었다. 토지를 분배하고 농업을 개혁하려 했지만, 토지 소유에 관한 역사적인 차별과 식민 지배 시절부터 남아 있던 계급 사회의 흔적을 쉽게 지울 수는 없었다. 토지 소유 여부에 따라 신분이 결정되던 농촌에서는 사회적 지위와 토지 소유 간의 관계를 쉽게 끊어낼 수 없었다. 이런 현상은 토지 소유에 따라 사회 계급이 결정되는 농촌에서 특히 두드러졌다. 18~19세기 영국 사회는 산업혁명을 겪으며 노동 계급과 중산층이라는 신흥 계급이 생겼지만, 아일랜드는 산업혁명에 영향을 거의 받지 않았다. 현재 북아일랜드로 분류되는 지역은 장로교의 강력한 평등주의 신념이 명백한 계급 차이를 막는 역할을 했다.

덕분에 아일랜드 사회는 이질적인 성격이 강하며 농촌 문화에 뿌리를 둔 공통점을 공유하는 사람들이 많다. 아일랜드 도시의 노동 계층은 그들만의 독특한 문화가 없다는 말이 있는데, 전혀 그렇지 않다. 고전 작가 숀 오케이시의 연극이나 현대 작가 로디 도일의 소설만 봐도 확실히 알 수 있다. 더블린 출신의 극작가 브렌던 비언은 페인트공인 아버지가 자랑스럽다고 말했다. 비언의 어머니는 미스^{Meath} 주의 농부 집안 출신이었지만 외삼촌 피더 카니는 시인이었으며, 실제로 아일랜드 국가인 〈전사의 노래〉의 가사를 쓰기도 했다.

더블린의 크기를 생각해보면 도시와 시골 간 격차는 어쩔 수 없다. 21세기 초 성공적인 사업가와 기업가들이 거액을 주고 잉글랜드 지배계층의 거주지를 매입하면서 더블린에 막대한 자금이 유입됐다. '더블린4' 또는 'D4'라는 말은 실제로 우편 구역을 가리키지만, 그곳에 사는 사람들의 코스모폴리탄('특권층'이라고 말하는 사람도 있겠지만)다운 태도를 함축적으로 묘사하는 표현이기도 하다. 소위 '수다쟁이 계급'도 있는데, 이들은 더블린 남부의 몇몇 특정 펍에 가면 만날 수 있는 지식인, 정치인, 공무원, 전문직들을 가리킨다.

요즘은 농촌도 많은 발전을 이루어 덜 하기 하지만, 농촌에 사는 사람들은 도시 사람들에게 거리감을 느끼거나 믿지 못하는 경우가 종종 있다.

교육, 수입, 도시화 등 다양한 요인으로 형성된 현대 아일랜드의 계급 사회는 다면적이어서 한마디로 정의할 수 없다. 20세기 후반부터 아일랜드는 경제적으로 큰 성공을 거두면서 생활 수준이 크게 향상되었지만, 아직도 불평등은 존재한다.

【 사회적 지위 】

사회적 지위는 재산 혹은 재능을 통해서 얻을 수 있지만, 다른 많은 국가와 마찬가지로 인맥이나 가문을 통해 만들어지기도 한다.

아일랜드 사람들은 사망한 영웅들에게는 존경을 표하지만, 동시대를 사는 영웅들에게는 그만큼 존경을 표하지 않는다. 본질 자체가 예술적인 아일랜드의 문화는 특히 시, 음악, 드라마 부분에서 이런 특징이 두드러지며 이 분야에 속한 예술가들을 엘리트 계층보다는 사회의 일원으로 보는 시각이 강하다.

【 세금을 내지 않는 예술가들 】

아일랜드는 전 세계 출중한 예술가들을 끌어들이기 위해 작가, 작곡가, 비주얼 아티스트, 조각가 등 예술가들이 자신의 예술 작품을 판매한 수입에는 세금을 매기지 않는다. 물론 모든 예술 작품이 면세 대상은 아니다. 세금을 면제받기 위해서는 반드시 독창적이며 창의적인 예술적인 작품으로 평가를 받아야 하고 문화적으로든 예술적으로든 가치를 인정받아야 한다. 이 모든 조건을 충족하는 예술 작품은 5만 유로까지 세금이 면제된다. 지난 25년간 전 세계 예술가들의 존재는 아일랜드에 큰 영향을 끼쳤다.

역사의 의미

전 세계에서 아일랜드만큼 자국의 역사가 국민의 태도와 가치에 크게 영향을 끼친 나라는 많지 않을 것이다. 이 책에서도 다루겠지만, 아일랜드의 역사적 주요 사건이나 가치관은 아일랜드 사람들의 사고방식에 뿌리 깊이 자리 잡았다. 아일랜드의 역사적 사건들, 예를 들어 성인과 학자들의 섬, 백작들의 도피, 얼스터 플랜테이션, 크롬웰의 저주, 아일랜드 형법, 개신교의 우세, 아일랜드 대반란, 재판을 받던 로버트 에멧의 연설,

민중을 자유롭게 한 대니얼 오코넬에 관해 들어 본 적이 있을 것이다. 북아일랜드의 개신교들은, 데리의 견습생회, 윌리엄 3세와 보인 전투에 관해 이야기할 것이다. 다들 이런 일들이 동시대에 일어나고 있다는 듯이 이야기할 텐데, 많은 아일랜드 사람에게는 아직 끝난 일이 아니기 때문이다.

【 성인과 학자들의 섬 】

기원전 7900년경 중석기 시대 수렵 채집인들이 아일랜드에 도착하면서 인간이 이곳에 살기 시작했다. 약 4000년 후 석기 시대에 잉글랜드에서 배를 타고 당도한 이주민들은 뉴그레인지에 거대한 비석 등 종교적 유적을 남겼다(더블린에서 차로 가면 금방 갈 수 있는 거리에 있으며 직접 가서 본다면 후회하지 않을 유적이다).

기원전 6세기에는 켈트족이 등장했으며 찬란한 예술과 공예품의 역동적인 시대가 도래했다. 아일랜드는 서유럽에서 발견된 선사 시대 황금 유물 중 최대 규모를 자랑하며, 현재 이 유물들은 더블린의 국립박물관에서 전시하고 있다.

아일랜드는 대다수 유럽 국가와 달리 로마 제국에 종속된 적이 없다는 점에서 확연히 구별된다. 당시 유럽 국가들은 로마 제국의 지배를 받았지만, 아일랜드는 예외였다. 사실 로마

뉴그레인지에 있는 거대 비석

제국은 금속 자원이 부족하고 군대를 먹일 식량도 재배할 수 없는 나라를 점령하는 데 큰 관심이 없었다.

5세기에 기독교와 기록 문화가 아일랜드에 들어오면서 그리스-로마 고전 학문과 문자 문화도 함께 전파됐다. 켈트족의 화려한 전통과 융합된 라틴 문명을 통해 아일랜드의 아다 성배, 더로우의 서, 켈스의 서 등의 유물이 탄생했다.

힘들고 더딘 복음서 필경 작업에 지친 수도사들이 가끔 복음서 한구석에 짧은 시구를 적어놓기도 했다. 8세기 사도 바울의 서신에는 다음과 같은 시구가 적혀 있다.

나와 내 고양이 팡구르 반

우리는 같은 일을 하지

팡구르는 쥐를 쫓고

나는 밤새 단어를 쫓고

사람에게 받는 칭찬보다

책과 펜을 가지고 앉아 있는 게

훨씬 좋다

－「팡구르 반」에서 발췌

클론맥노이즈의 고대 수도원에 있는 화려한 장식의 켈트 십자가

이때 건설된 수백 개의 수도원 중에는 오펄리 주에 있는 클론맥노이즈와 로스 주에 있는 모나스터보이스가 대표적이다. 이 시기는 아일랜드의 황금기였다. 유럽의 다른 국가들이 다시 야만의 시대로 회귀하는 동안, 아일랜드는 고전과 기독교 학문의 피난처 역할을 했다. 바로 여기서 '성인과 학자들의 섬'이라는 아일랜드의 자부심이 생겼다.

【 바이킹과 성 브렌던 】

9세기부터 이어진 바이킹의 침략으로 수많은 사람이 목숨을 잃고 아일랜드 곳곳이 파괴되었지만, 아이러니하게도 무역이 활발해지고 화폐가 유통되면서 더블린을 포함한 주요 도시의 기반을 만들 수 있었다. 9세기 집필된 『성 브렌던의 항해』에서는 신께서 성인들에게 약속하신 땅을 찾기 위해 6세기에 바다를 건넌 이야기를 하고 있다.

【 타라와 아일랜드 대왕 】

이 시기 아일랜드는 두 개의 왕국으로 분리되어 있었다. 아일랜드 대왕(아일랜드어로 Ardrí na hÉireann, 아일랜드 전역의 영주권을 소유했던 왕들이 사용했던 왕족 칭호로 역사적으로 의미있는 왕들이 이 칭호를 사용했다-옮긴이)은 240미터에 달하는 왕궁의 중심 홀이 있는 미스 주의 타라 언덕에 본거지를 두고 있었지만, 이들의 왕위는 신성한 의미와 명예뿐인 자리였다. 다른 통치자들을 향해 실질적인 권력을 행사하지는 못했다. 옛날 아일랜드의 모든 길은 타라 언덕으로 이어지지만, 타라 언덕의 중요성은 순전히 상징적이며 지금은 토목 공사의 흔적만 남아 있을 뿐이다. 아일랜드 대왕은 언어, 브레혼 법, 예술·문학·음악 문화를 공유했다. 3세기 초 전설적인 대왕 '코르막 막 아르트'는 법과 시를 장려하기 위해 왕실 아카데미를 설립했다.

1014년 브리안 보루 대왕은 클론타프 전투에서 바이킹을 물리쳤다. 이 전투에서는 같은 아일랜드 사람들끼리 동족 간의 싸움을 벌이기도 했는데, 레인스터 사람들이 바이킹의 편에 섰기 때문이다.

【 노르만 사람들 】

노르만계 잉글랜드 모험가인 펨브로크 백작, 일명 스트롱보우가 1170년 아일랜드 대왕과 분쟁을 벌이던 아일랜드 어느 지역 왕의 초청을 받아 아일랜드에 왔다. 쇠사슬 갑옷을 입고 큰 말을 탄 기사, 창, 궁수(토착 아일랜드 사람들은 투석구만 가지고 있었다), 난공불락의 성들은 아일랜드 보병인 컨^{kernes}과 확실히 달랐다. 머지않아 그들이 얼스터를 제외한 아일랜드 대부분 지역을 통치하면서, 이론상이긴 하지만 아일랜드는 처음으로 잉글랜드 왕국의 일부가 됐다.

실제로 잉글랜드의 직접적인 통치권에 속한 지역은 극히 일부에 불과했다. 노르만인과 아일랜드 국왕은 직접 법을 제정해 통치했고, 잉글랜드 국왕의 통치권은 더블린 주변 반경 80km 내에 팔레 지역을 넘어서지 않았다.

노르만이 아일랜드에 어떤 영향을 끼쳤는지 한마디로 단순

• 아일랜드 사람보다 더 아일랜드 사람처럼 •

노르만 귀족들은 아일랜드 사람들과 혼인을 맺고 그들의 풍습과 법을 받아들였으며 아일랜드어를 배우기도 했다. 노르만 이름인 피츠제럴드, 코스텔로, 버틀러 같은 이름은 이제 오코너, 오브라이언만큼이나 아일랜드 이름 같은 느낌을 준다. 실제로 노르만 귀족들은 아일랜드 사람보다 더 아일랜드 사람 같다는 비난을 받기도 했다. 요즘에도 아일랜드 풍습에 푹 빠진 관광객들에게 "아일랜드 사람보다 더 아일랜드 사람" 같다는 농담을 하곤 한다.

하게 정의를 내리기 어렵다. 아일랜드 사회의 건축, 문화, 법 등의 여러 분야에 지대한 영향을 미쳤지만, 이들이 아일랜드를 점령하면서 식민 세력과 아일랜드 국민 간에 수 세기 동안 반목과 적대심이 최고조에 달했다.

【 백작들의 도피와 얼스터 플랜테이션 】

16세기, 특히 튜더 왕조 후반부에 이르러서야 팔레 저편 지역까지 어느 정도 통치권 아래에 놓이게 됐다. 이 시기에 '엘리자베스 기도서'가 도입되면서 아일랜드 사람들에게 처음으로 종교개혁을 강요했다. 이를 기점으로 개신교와 가톨릭 사이에 큰 분열이 시작됐다. 얼스터 북부는 튜더 왕조 시대에 아일랜드 토착민들의 심장부였다. 얼스터 연방의 지도자 가문 출신인 타이론의 백작 휴 오닐은 엘리자베스 여왕의 보호를 받았다. 하지만 잉글랜드와 스페인이 전쟁을 벌이자 킨세일에 포위된 스페인 함대를 구출하기 위해 막강한 우방 세력이었던 휴 오도넬과 함께 병력을 이끌고 남쪽으로 진군했다. 결과는 참패였다.

1603년 오닐은 사면을 받긴 했지만 한때 자신이 지배했던 땅에서 잉글랜드 왕실의 신하로 복속되는 것을 거부했다. 오닐은 1607년 휴 오도넬의 아들 티르코네일 백작과 함께 프랑스로 망명한 뒤 이후로 로마로 갔다. 이들의 망명으로 아일랜드 귀족 계급 사이에 지도층의 공백이 생겼고 잉글랜드 왕실을 이 틈을 놓치지 않았다. '백작의 도피'로 얼스터의 가톨릭 신자들은 토지를 몰수당했다. 이들의 토지는 잉글랜드, 특히 스코틀랜드 귀족의 소유가 됐다. 잉글랜드와 스코틀랜드는 잉글랜드의 제임스 1세와 스코틀랜드의 제임스 6세 아래 통합된 직후였다.

얼스터로 이주한 잉글랜드와 스코틀랜드 정착민들은 잉글랜드 왕실에는 충성을 다했으며, 동시에 터전을 빼앗긴 아일랜드의 가톨릭 신자들에게 증오의 대상이 됐다. 이 사건이 바로 '얼스터 플랜테이션'으로 이 역사적 사건을 기점으로 북아일랜드의 인구 구성이 바뀌고, 종교 역시 가톨릭에서 개신교 중심으로 크게 재편됐다. 얼스터에 스코틀랜드 성姓을 가진 사람과 장로교 신자들이 많고 영국 왕실에 우호적인 이유도 바로 여기에 있다.

【 크롬웰의 저주 】

잉글랜드 내전이 터지기 직전 1641년에 아일랜드가 반란을 일으켰다. 반란을 진압하기 위해 파견된 군대를 누가 통치할 것인가를 계기로 내전이 촉발됐다.

전쟁 당시에 아일랜드 가톨릭들은 명목상 찰스 1세를 지지했지만 왕이 패배하고 처형당한 이후에 아일랜드 의회군의 지도자인 올리버 크롬웰에게 잔혹하게 탄압당했다. 1649년 드로이다와 웩스퍼드 포위전 이후 학살을 벌이고 아일랜드 내 반대 세력의 엄청난 토지를 몰수하자, 크롬웰은 아일랜드의 남부에서 혐오의 대상이 됐다. 현대에서 와서 누군가에게 '크롬웰의 저주'을 내리는 건 끔찍한 일이다.

크롬웰의 잔혹한 정복 전쟁으로 아일랜드의 토지 소유주들은 강제 이주를 당했고, 그들의 토지는 잉글랜드의 군인과 식민지 정착민들 손에 넘어갔다. 이뿐만 아니라 아일랜드 가톨릭 귀족의 권위가 크게 약화 되었으며, 이들의 권리를 제한하기 위해 도입한 일련의 법률로 인해 편견이 한층 심해졌다.

[윌리엄 3세, 데리의 견습생회, 보인 전투]

1660년 왕정복고 시도가 이루어지면서 망명했던 찰스 2세가 잉글랜드로 돌아왔다. 이때 아일랜드 사람들은 빼앗긴 땅을 되찾길 기대했지만, 찰스 2세는 의회의 초청으로 복위되었을

보인 전투에서 윌리엄 3세. 18세기 화가 얀 비크 作

뿐 실질적으로 아무런 권한이 없었다. 1685년 찰스 2세가 서거한 후 가톨릭 신자인 제임스 2세가 왕위에 올랐다. 제임스 2세는 민심을 너무 잃어, 제임스 2세의 여동생 메리와 결혼한 네덜란드 통치자이자 개신교 신자인 오렌지 공 윌리엄이 왕위를 계승했다.

1689년 제임스 2세는 아일랜드로 돌아가 복귀를 시도했고 아일랜드 가톨릭 인구의 환대를 받았다. 제임스 2세가 런던데리를 장악하려 했지만, 13명의 개신교 견습생 소년들이 성문의 열쇠를 손에 쥐고 그의 눈앞에서 성문을 닫아버렸다. 이후 벌어진 데리 포위전으로 아일랜드의 개신교 신자 3만 명이 포위되어 잉글랜드의 구원군이 뒤늦게 도착할 때까지 105일 동안 성에 감금됐다. 항복을 종용하자 이들은 "항복은 없다"라는 말로 답했다. 지금까지도 북아일랜드 개신교의 상징적인 구호로 남았다.

오늘날에도 아일랜드의 개신교계 연합주의자는 영국 사람들보다 자신을 더 믿는다. 1814년에 개신교 형제회인 데리의 견습생회가 설립되었으며 이들은 오늘날까지 일명 '데리의 수호자' 정신을 계승하고 기념하기 위해 헌신하고 있다.

1690년 7월 12일 오렌지 공 윌리엄은 백마를 타고 보인 전투에 참전해 제임스 왕이 이끄는 가톨릭 아일랜드군을 무찔렀다. 벨파스트 주택가에서는 "1690 항복은 없다"라는 문구와 함께 윌리엄 3세와 그의 백마를 그려놓은 벽화를 많이 볼 수 있다.

망명했던 제임스 2세가 더블린으로 돌아와 (실제로는 최선을 다해 저항했던) 도망친 아일랜드 사람들에게 실망했다는 말을 늘어놓자, 그 자리에 있던 한 여인이 "국왕께서 경주에서 이기셨습니다"라는 말로 회답했다. 제임스 2세는 아일랜드 역사에서 호의적인 평가를 받는 인물은 아니다. 제임스 2세의 별명인

'Seamus a Chaca'는 '똥 같은 제임스'라는 뜻의 욕설에 가깝다.

이 전투로 인해 아일랜드 내 개신교의 권한이 한층 강화되면서 아일랜드의 정치적·종교적 상황에 큰 변화를 불러왔다. 북아일랜드의 개신교 형제회인 오렌지단^{Orange Order}은 지금까지도 개신교의 신념과 문화를 기리고 있다. 매년 7월 12일에 보인 전투의 승리를 기념하기 위해 개신교 커뮤니티에서 퍼레이드와 불꽃놀이를 한다. 물론 가톨릭 신자들은 보인 전투를 완전히 다른 방식으로 기억한다.

【 아일랜드 형법 】

1695년 개신교가 가톨릭을 상대로 승리를 거뒀을 때 '아일랜드 형법^{Penal Laws}'이 제정됐다. 아일랜드 형법은 의회가 제정한 일련의 차별적인 법령이다. 가톨릭 신자들은 신앙생활을 금지당했고 토지를 소유할 수 없었으며 교육도 받지 못했다. 이 형법은 사회·경제·정치적으로 심각한 반향을 불러일으켰고 빈곤과 박탈을 초래했다. 궁극적으로는 문화적·종교적 전통을 훼손하는 결과를 낳고 말았다. 이와 같은 제약의 사슬에서 벗어나기 위해 아일랜드 성공회로 개종하는 토지 소유주들이 많았다. 1778년 아일랜드 형법이 폐지되기 시작할 무렵, 가톨릭 신자들이 소유하고 있는 토지는 단 5%에 불과했다.

[개신교의 우세]

일명 '개신교의 우세Protestant Ascendancy'로 알려진 18세기에는 지배적인 소수인 개신교 신자가 정치·경제·사회에서 다수의 가톨릭 신자보다 우위에 섰다. '아일랜드 형법'이 제정된 이후 개신교 신자들의 수의 비해 상대적으로 많은 토지를 소유했으며 아일랜드 자원의 상당 부분을 관리했다. 가톨릭 신자를 배제한 아일랜드 의회는 막강한 권한을 행사했다. 아일랜드에 있는 유명한 저택들이 시기에 들어서기 시작했다. 더블린에 있는 붉은 벽돌의 메리언 스퀘어도 이때 생겼으며 더블린은 유행의 중심지가 됐다.

[아일랜드인 연합과 1798년 아일랜드 반란]

19세기 아일랜드 국가주의의 부흥은 개신교의 헤게모니와 충돌을 일으켰다. 미국 혁명과 프랑스 혁명에 영향을 받은 개신교의 아일랜드인 연합은 울프 톤과 에드워드 피츠제럴드가 주축을 이루었다. 아일랜드인 연합은 미래를 공유하며 아일랜드 가톨릭과 개신교를 통합할 수 있는 국가 정부 안에서 '동등한 대표성'을 확립하기 위해 노력했다.

1796년 프랑스 함대는 유럽 각지에서 승리를 거둔 후 수천 명의 군인을 실은 3척의 함대를 아일랜드 밴트리 만 앞바다에 정박했다. 반란군을 지원하려 했지만, 일주일 동안 거센 강풍이 몰아치면서 상륙하지 못하고 되돌아가고 말았다. 잉글랜드 군인은 누구든 아일랜드인 연합회에 대한 정보를 가졌다고 짐작될 만한 사람들을 마구잡이로 괴롭혔고, 이는 2년 후에 '1798년 아일랜드 반란'이 일어나는 촉매제가 됐다. 잉글랜드에 함께 맞설 프랑스 군인들은 오지 않아 아일랜드 사람들은 동네 대장간에서 만든 조잡한 창을 들고 버텨야만 했다. '98'이라고 줄여서 부르기도 하는 1798년 아일랜드 반란은 아일랜드 다른 지역까지 퍼졌지만, 결국 웩스퍼드 비니거 힐 전투에서 참패했다. 아일랜드 북부에서 형법으로 차별받던 장로교 신자들도 적극적으로 반란을 지지하고 나섰지만 소용없었다. 잉글랜드는 이에 냉혹하게 대응했으며 폭력과 억압이 난무했다. 수천 명의 반란군이 전투에서 전사하거나 처형당했고 여러 지역에 계엄령이 선포됐다.

실패한 반란으로 1800년 연합법이 통과되어 아일랜드 왕국과 그레이트브리튼 왕국이 통합되어 그레이트브리튼 및 아일랜드 연합왕국이 탄생했다(더블린에 있던 옛 아일랜드 의회 건물은 현재 아일랜드 은행이 사용하고 있다).

1803년 로버트 에멧이 이끈 반란은 실패를 넘어 참패로 막을 내렸지만, 에멧이 사형 선고를 받은 법정 피고석에서 남긴 연설은 세월을 넘어 지금까지 전해지고 있다.

> 아무도 내 비문(碑文)을 쓰지 못하게 하라
> 내 조국이 이 세상에서 자기 자리를 찾을 때
> 그때가 되면 내 비문을 써라

【해방자】

대니엘 오코넬은 당시 아일랜드에서 토지를 소유한 몇 안 되는 부유한 가톨릭 집안 출신이었으며 지금까지도 '해방자'라는 별명으로 통하고 있다. 오코넬은 타라 언덕(반란 당시 100만 명에 달하는 사람이 집결했던 곳)을 포함한 여러 군데에서 대규모 정치 시위를 주최했으며, 이는 잉글랜드 정부를 압박했다. 그 결과 1829년 기본적인 시민권이 허용되었고 가톨릭이 해방되면서 아일랜드 가톨릭도 웨스트민스터 의회에 자리할 수 있었다. 가톨릭 주교와 대주교 역시 공식적으로 인정을 받기에 이르렀으며 곳곳에 가톨릭교회들이 생길 수 있었다. 오코넬은 아일랜드의 독립 입법권을 회복하기 위해 연합법 폐지를 지지했다. 독립 입법권을 회복하려는 오코넬의 노력은 실패로 끝났지만 그가 남긴 정신과 투쟁은 아일랜드 독립에 대한 염원을 더욱 굳건히 만들고 있다.

현대 아일랜드의 탄생

【 대기근과 이민 】

1845년 이후 일련의 역사적인 사건을 통해 현대 아일랜드의 정치적·경제적 토대와 문화가 형성됐다. 대표적인 사건은 대기근과 이민, 퇴거, 토지법, 게일어 부흥, 부활절 봉기, 검은 담요 전쟁, 아일랜드 독립 전쟁, 영국-아일랜드 조약, 아일랜드 내전을 들 수 있다.

아일랜드와 미국 간 물리적 거리는 영국과의 거리보다 훨씬 멀었지만, 19세기 중반부터 미국인과 아일랜드인 사이에는 강한 유대감이 존재했다. 존 F. 케네디 대통령이 당선되었을 때조차 아일랜드 사람들은 '우리들의' 대통령이 미국에서 당선되었다는 마음으로 케네디를 바라봤다. 심지어 골웨이 주의 주도인 골웨이에서는 메인 광장을 '존 F. 케네디 기념 공원'으로 이름을 바꾸기도 했다.

아일랜드 사람들이 미국으로 향하게 된 가장 큰 원인은 1840년대에 있었던 대기근 때문이다.

1845년부터 1852년까지 이어진 대기근은 아일랜드 역사에 상흔을 남긴 사건으로 아일랜드 나라 전체와 국민에게 참담한 고통과 죽음을 안겼고 결국, 많은 사람이 고향을 등졌다. 비탄이 감득한 이때의 참혹한 기억은 아일랜드 사람들의 마음속에 지금도 깊이 남아 있다.

대기근이 발생한 가장 근본적인 원인은 감자 작황이 뿌리째 무너졌기 때문이다. 감자역병균으로 발생한 감자잎마름병이 아일랜드 전국을 송두리째 강타했다. 당시 아일랜드 인구 상당수는 소작농으로 영양이 좋고 재배가 쉬운 감자 말고는 따로 먹을 것이 많지 않았다.

그 당시 아일랜드는 잉글랜드의 지배를 받았는데, 이때 잉글랜드의 정책으로 인해 기근이 더욱 심해졌다. 기근으로 굶어 죽거나 '기근열'이라고 알려진 발진티푸스로 죽는 사람이 전국에서 속출했다. 아일랜드 사람들이 대기근으로 죽어 나갈 때도 아일랜드에서 생산된 곡물, 채소, 육류는 계속 잉글랜드로 반출됐다. 잉글랜드를 향한 아일랜드 사람들의 분노는 날이 갈수록 심해졌고 지울 수 없는 배신감에 휩싸였다.

> 오늘 나는 주민들이 처한 상황을 직접 알아보기 위해 교구 곳곳을 돌아다녔습니다. 좀처럼 감정에 휘둘리는 사람이 아닌데도 아일랜드 민중들, 특히 여성들과 어린 아이들이 겪고 있는 엄청난 고통을 목도하고 감정이 무너져 내렸다는 걸 고백합니다. 사람들은 마치 굶주린 까마귀 떼처럼 순무밭으로 흩어져 달려가 덜 익은 순무를 들고 허겁지겁 뜯어 먹었습니다. 옷이 없어 반쯤 헐벗은 민중들은 진눈깨비와 눈발이 날리는 순무밭에 서서 떨고 있었습니다. 배고픔을 이기지 못한 아이들은 울음을 터트렸고 절망에 빠진 부모들은 소리를 질렀습니다. 교구에서 어떤 상황을 마주하더라도 버텨낼 자신이 있다고 믿었지만, 이 광경은 감당할 수 없었습니다.
>
> ─웨스트 클래어 지역의 검열관 캡틴 윈, 1846

대기근으로 아일랜드 사람들 마음속에 영국인들을 향한 뿌리 깊은 응어리가 생겼다. 이처럼 민중의 감정에 상흔을 남긴 대기근은 아일랜드 역사에서 가장 결정적인 사건 가운데 하나로 꼽힌다.

이와 반대로 대기근을 피해 떠난 수많은 아일랜드 사람은 자신들을 받아준 미국 정부와 미국 국민에게 잊을 수 없는 고마움을 품고 있다.

> 아일랜드 사람들에게 망명은 유대인이 견딘 억압과도 같았다. 미국과 미국의 기운이 그들을 일깨웠다.
>
> -오스카 와일드, 1889

1840년 아일랜드의 인구는 650만 명이었지만, 1845년에서 1851년 대기근이 발생하는 동안 기아 혹은 기아로 인한 병증으로 인해 백만 명 이상이 사망했을 것으로 추정한다. 살아남은 사람 중에 100만 명 정도가 미국, 호주, 뉴질랜드, 캐나다로 이민을 갔다. 아일랜드가 1840년 인구의 절반 수준을 회복하는 데 십수 년이 걸렸다. 2022년이 되어서야 1851년 인구 통계 이후로 아일랜드 인구가 공식적으로 500만 명을 넘겼다.

【 상처를 잊지 않은 나라, 아일랜드 】

대기근 이후 오랜 세월이 지났지만, 이때의 기억은 아일랜드 국민의 가슴속에 지금도 남아 이들의 정체성에서 핵심적인 자리를 차지한다. 1994년 아일랜드의 국민가수이자 싱어송라이터인 시네이드 오코너는 〈대기근 Famine〉이라는 제목의 노래를 발표해 아일랜드 전역에서 성공을 거뒀다. 2020년 공영 채널인 아일랜드 라디오-텔레비전 Raidió Teilifís Éirean에서는 대기근 175주년을 기리는 의미로, 대기근의 원인과 악화 과정, 재난 후에 남은 일들을 자세히 담은 2부작 다큐멘터리를 제작했다.

대기근 이후 반란과 관련된 용어에 피니언 Fenian이라는 단어가 추가됐다. 피니언은 가상의 인물인 핀 막 쿨이 이끈 신화 속 전사들 '피어너 에런 Fianna Éireann'에서 따온 이름이다. 피니언은 특히 1860년대에 아일랜드, 미국, 영국에서 가장 활발히 활동했던 국가주의 비밀 결사 조직의 구성원들을 가리키는 말로, 이들은 영국을 상대로 게릴라전을 펼치기도 했다.

현대 잠수함 개발에 크게 이바지한 존 필립 홀랜드(1841-1914)는 가톨릭 학교인 크리스천 브라더스에서 학생들은 가르쳤다. 현대 잠수함의 아버지로 불린 홀랜드의 잠수함 설계안이 미국 해군에서 부적합 판정을 받자, 피니언에서 홀랜드

의 잠수함 연구와 개발을 지원하고 나섰다. 마침내 1881년 막
강한 영국 해군에 대적하기를 바라는 희망을 품고 '피니언 램
Fenian Ram'이 건조되었지만, 당시 아일랜드의 대의는 군사 행동
보다는 정치적 행보에 따라 큰 성과를 거두게 될 운명이었다.

【 아일랜드 자치 운동 】

아일랜드 자치 운동은 그레이트브리튼 및 아일랜드 연합왕국
내에서 아일랜드의 자치 정부를 지지했으며 1870년부터 제1
차 세계대전이 끝날 때까지 활발했던 아일랜드 국가주의의 주
요 정치 활동이었다. 19세기 후반 영국 하원 내 아일랜드 의회
당 대표였던 찰스 스튜어트 파넬이 아일랜드 정치를 장악했다.
파넬은 아일랜드 자치 정부를 이루고자 했지만, 아일랜드는 빅
토리아 여왕의 통치 아래 있었다. 아일랜드 의회당은 보수당
과 자유당의 균형을 유지하는 데 결정적인 역할을 하고 있었
으므로, 파넬이 이끄는 85석의 당 의석은 의미가 컸다. 자유당
대표인 윌리엄 이워트 글래드스턴이 파넬의 견해를 지지하고
있다는 사실이 파넬에게 유리하게 작용했다.

파넬은 아일랜드 토지를 보다 효율적이고 수익성 있는 농지
단위로 통합하기 위해 영국에 살면서 아일랜드 소작농을 내

쫓는 아일랜드 지주들과 치열하게 대립했다. 1880년 연설에서 파넬은 실제로 소작농을 퇴거시킨 데 책임이 있는 사람은 사회에서 배척해야 마땅하다는 말을 남겼다. "죄를 지은 사람에게는 그 사람이 마치 나병 환자라도 되는 것처럼 사회 전체에서

찰스 스튜어트 파넬

고립시켜 사람들이 그 죄를 어떻게 생각하는지 직접 보여줘야 한다. 사람들이 그 사람이 저지른 범죄를 얼마나 혐오하는지 반드시 알게 해야 한다."

· 보이콧 ·

파넬이 말하는 '배척' 덕분에 영어에 새로운 단어가 추가됐다. 배척의 첫 번째 대상은 영국의 토지 중개인이었던 찰스 커닝햄 보이콧이었다. 이후로 배척하거나 고립시키는 행위에 대해 '보이콧'이라는 단어가 쓰이기 시작했다.

파넬은 유부녀와 내연 관계였는데, 이는 가톨릭 사회에서는 용납할 수 없는 사건이었다. 이 사건을 계기로 파넬은 1890년에 공직에서 물러났고 같은 해 사망했다.

글래드스턴이 제안한 몇몇 아일랜드 자치 운동 법안은 영국 상원에서 폐지되었지만, 글래드스턴과 그의 당은 소작농이 본인의 토지를 소유할 수 있도록 하는 토지법에서 더 큰 성과를 거뒀다. 정부가 직접 지주에게 토지를 매입해 이전 소작농에게 임대료로 지급한 금액보다 훨씬 적은 금액으로 주택담보대출을 제공했다. 1903년과 1909년에 추가로 제정된 '토지 매입법'은 지주의 강제 매각 원칙을 확립하여 지주가 토지를 강제로 매각하도록 했다. 이에 따라 가톨릭이 독립하기도 전에 가톨릭 신자였던 전 소작농들이 아일랜드 농업용 토지 대부분을 소유할 수 있었다.

【 토지를 향한 아일랜드인의 애착 】

토지법은 19세기 후반부터 20세기 초반에 제정된 일련의 입법 조치다. 토지법을 보면 대규모 농장을 통해 농사를 짓는 미국이나 심지어 영국과 달리 수천 개의 소규모 농장이 주를 이루는 아일랜드의 농업 방식을 이해할 수 있다. 아일랜드 내에서 토지 소유권과 소작농, 지주의 관계에서 생기는 극단적인 사회·경제적인 문제를 해결할 수 있는 새로운 법을 만들기 위해 큰 노력을 기울였다. 현재 평균 토지 소유 면적은 약 32만m²이다. 아일랜드 농부들은 수년간 다른 사람에게 소유권을 뺏겼던 자신들의 토지에 강한 애착을 두고 있다.

[아일랜드의 독립과 분할]

19세기 후반부터 20세기 초에는 정치·문화적인 자율성을 향한 강한 열망으로 아일랜드의 독립을 요구하는 목소리가 커졌다. 마침내 1916년 부활절 봉기가 촉매가 되어 아일랜드 독립을 위한 투쟁에 불씨를 지폈다. 아일랜드 공화당은 더블린에서 잉글랜드에 대항해 반란을 일으켰다.

부활절 봉기는 재빨리 진압되었지만, 궁극적으로는 아일랜드의 독립을 향한 지지를 더욱 고조시키는 계기가 됐다. 봉기가 진압된 후 아일랜드 공화당들은 신 페인 당(우리 자신이라는 뜻, 아일랜드와 북아일랜드 모두에서 활동하고 있는 정당-옮긴이)에 함께 모여 아르드 페이스(고등 의회)에서 처음으로 아일랜드 공화국 수립을 위한 결의를 다졌다. 1918년 신 페인 당은 총선에서 아일랜드 의석 대다수를 차지하고 최초의 다일 에이렌(아일랜드 국민

의회-옮긴이)을 수립했다.

얼마 지나지 않아 1919년에 아일랜드 독립 전쟁이 발발했다. 이 전쟁에서 아일랜드 공화국군 임시파는 영국 공권력을 상대로 게릴라전을 펼쳤다. 전설적인 인물로 추앙받는 마이클 콜린스가 이끈 아일랜드 공화국군 임시파는 그의 지휘 아래 영국 식민 보조군과 전투를 벌였다. 보조군은 그들이 입고 있는 임시 유니폼 색깔에서 따온 별칭 '블랙 앤 탠스'라고 불렸으며 왕립 아일랜드 경찰대 출신으로 모집된 경찰관으로 구성되어 있었다.

독립 전쟁이 벌어지는 동안 잔혹 행위가 빈번했으며 영국 식민 보조군은 부대라기보다는 테러리스트에 가까운 행동을 벌였다. 이때의 투쟁은 1921년 영국-아일랜드 조약으로 이어졌다. 이후 32개의 주 중에 26개가 자유국 지위를 얻어 영국 연방 내 다른 국가들과 동등한 헌법 지위를 갖게 됐지만, 이 일을 계기로 아일랜드 공화당원들 사이에서 분열이 일어나고 말았다. 상당수의 아일랜드 공화당원은 이 조약에 반대했다. 여러 중요한 문제에서 여전히 영국에 종속되어 있었으며 1916년 부활절 봉기를 통해 선언한 아일랜드 공화국에 대한 배신으로 느꼈기 때문이다. 아일랜드의 많은 사람이 영국-아일랜

드 조약에 따른 여러 제한을 수용하기 거부하면서 1922~1923
년 아일랜드 내전으로 이어졌다.

영국-아일랜드 조약의 가장 큰 논란은 아마도 북아일랜드
가 아일랜드 자유국에 포함되지 않는다는 조항일 것이다. 이
조항으로 인해 영국 연방 일부로 남은 북아일랜드와 아일랜드
자유국(후에 아일랜드 공화국으로 국가 명칭이 바뀌었다)이 분리되면서
아일랜드는 분단됐다. 북아일랜드와 아일랜드가 분할되면서 생
긴 국경은 수십 년 동안 분쟁의 씨앗이었다.

【 아일랜드 정당의 기원 】

영국-아일랜드 조약을 두고 의견이 일치되지 않아 결국 1926
년에 피어너 페일(피너 게일과 녹색당이 합의하여 구성한 연립 정부-옮긴
이)이 신 페인 당에서 분리됐다. 조약을 수용하려 했던 이들은
1933년에 피너 게일(아일랜드의 중도우파 정당-옮긴이)을 수립했다.
피너 게일은 아일랜드 내전에서 승리했지만, 혁명의 지도자인
마이클 콜린스가 내전 와중에 습격당해 사살당하고 말았다.
이후 피어너 페일과 피너 게일은 아일랜드 의회의 두 개의 주
요 정치 당으로 입지를 굳혔다.

북아일랜드 분쟁이 일어나는 동안 약진한 신 페인 당은 아

일랜드 통합과 진보적인 사회 정책을 중요하게 여겼다. 1912년 창단된 노동당은 노동조합 운동을 기반으로 했으며 노동자의 권리와 사회 정의에 중점을 뒀다.

【 오렌지단과 7월 12일 】

매년 7월 12일에는 북아일랜드 전역에서 행렬을 볼 수 있다. 윌리엄 3세가 보온 전투에서 승리한 것을 기념하는 행사다. 퍼레이드에 참여한 사람들은 오렌지색 띠를 몸에 두르고 머리에는 중산모를 썼다. 여기에 하얀 장갑을 끼는 등 전체적으로 전통적인 오렌지색 레갈리아(왕족이나 고위 성직자 등 권력과 지위를 상징하는 물품과 복장-옮긴이) 복장을 하고 있는데, 가끔 행렬에서 나와 '오렌지 셔플'이라고 하는 셔플 댄스를 추기도 한다. 행렬에는 실버 밴드와 브라스 밴드(브라스 밴드는 금관악기로 구성된 밴드이며 실버 밴드는 브라스 밴드의 하위 유형으로 브라스 밴드와 같은 악기를 연주하지만, 시각적으로 반짝이는 은색 악기를 연주한다-옮긴이)가 함께하는데 특히 피페와 드럼이 빠지지 않는다. 행진하는 사람들은 1795년에 개신교를 보호하기 위해 북아일랜드에 본부를 두고 활동했던 개신교 남성 친목 단체인 오렌지단의 단원들이다.

북아일랜드에서 7월 12일 행진과 오렌지단은 오랫동안 분쟁의 씨앗이 되고 있다. 행렬이 지나가는 길이 간혹 가톨릭과 아일랜드 국가주의 동네를 직접 통과하거나 옆으로 지나가면서 갈등이 발생하고 간혹 폭력으로 번지기도 한다. 끝나지 않는 종교적 분열을 지금까지 잘 보여주는 사례라고 할 수 있다.

제1차 세계대전이 발발하자 얼스터 의용군은 영국을 위해 싸우겠다는 각오로 영국군에 자원입대했다.

자원입대한 사람들은 솜 전투에서 거의 전원이 전사했고 이들의 '피의 희생'에 대한 감사의 뜻으로 얼스터의 9개 주 중에서 6개 주가 아일랜드에서 분리되어 영국 연방에 남게 됐다. 100년이 지난 지금, 당시의 분할이 북아일랜드와 아일랜드 공화국 사람들에게 영향을 끼치고 있다.

아일랜드는 1932년 에이먼 데 벌레라가 이끄는 피어너 페일 당이 집권하여 정권을 잡은 후 실질적으로 공화국이 됐다. 특히 1937년 벌레라가 새 헌법을 제정하면서 공화국으로서 더욱 확고한 모습을 갖추었다. 아일랜드는 제2차 세계대전 당시 중립을 지켰다. 1948년 아일랜드 공화국법 이후 영국 의회는 1949년 아일랜드법을 통과시키면서 공식적으로 아일랜드 공화국을 선언하고 영국 연방을 탈퇴할 수 있도록 허가했다.

아일랜드 정부는 독립 초창기 동안 강도 높은 보호주의 경제 체제를 유지했다. 배타적이며 평화롭고 매력적인 국가의 모습을 유지하고 있었지만, 주변 국가와 비교하면 생활 수준은 현저히 낮았고 경제 또한 영국 시장의 지배에서 벗어나지 못하고 있었다.

에이먼 데 벌레라가 아일랜드 소작농의 토지 대출을 지원한 영국 정부의 대출 상환을 거부하면서, 고난을 겪는 아일랜드에 고통이 가중됐다. 이로 인해 영국-아일랜드의 무역 전쟁(또는 경제 전쟁)이 6년 동안 계속되었으며, 아일랜드 경제를 발전시키거나 남북 아일랜드 관계를 개선하는 데 전혀 도움이 되지 않았다. 이 상황에서 양국의 국경 주변의 밀수업자만이 이득을 봤을 것이다.

에이먼 데 벌레라가 직접 감독 지휘한 1937년 새 헌법에서는 피임과 이혼을 법으로 금지했고, 여성의 자리는 가정이라고 우회적으로, 그러나 단호하게 드러내고 있었다. 아일랜드를 제외한 유럽 국가에서는 직장에서 일하는 여성의 숫자가 꾸준히 늘고 있었지만, 아일랜드는 오히려 그 수가 감소했다.

더 나은 삶을 위해 많은 사람이 이 시기에 해외로 이민을 했다. 1931년부터 1941년까지, 10년 동안 자유국 지위를 얻은 아일랜드에서 태어난 인구의 80%에 해당하는 50만 명이 아일랜드를 등지고 떠났다. 1840년대 대기근 이후 처음 일어난 대규모 이민이었다.

당시 아일랜드를 떠나는 사람들에게 미국과 호주는 타국보다 선호하는 선택지였지만, 역시나 고향으로 돌아올 가능성은 적었다. 이전 세대의 이민자들처럼 아일랜드 젊은이들은 돈을 더 벌고자 시골을 떠나 건설업에 종사하기 위해 영국으로 떠났다. 이들은 고향으로 돌아와 결혼할 수 있을 정도의 자금을 마련하기 위해 떠났지만, 너무나 많은 사람이 다시는 돌아오지 못했다.

이 모든 상황은 지난 70년 동안 드라마처럼 변했다. 오늘날 아일랜드는 1950년대 모습과는 완전히 딴판이다. 다음 장부터 오늘날 아일랜드가 어떤 모습인지 알아보자.

주요 도시

아일랜드에는 나름의 매력을 간직한 대도시와 저마다 뚜렷한 개성이 있는 소도시가 많다. 아일랜드를 방문한 관광객들은 비교적 짧은 시간 안에 여기저기 둘러볼 수 있는 효율적이고 접근성이 좋은 아일랜드 도시를 좋아할 것이다. 아일랜드에서는 어디를 가든 근교에 시골이 있다. 전형적인 산업 도시인 벨파스트에서도 고개를 들고 하늘을 보면, 도시의 삼면이 산으로 둘러싸여 있는 모습을 볼 수 있다. 아일랜드에서 가장 큰 도시인 더블린에서조차 근처에 있는 산자락이 얼핏 보인다. 차를 타고 도시를 조금만 벗어나면 자연 그대로의 모습을 간직한 시골을 만날 수 있다.

[더블린]

아일랜드의 수도이자 레인스터 주의 주도인 더블린은 1000년이 넘는 역사를 간직한 도시다. 더블린이라는 도시의 이름은 아일랜드의 고어 Duibhlinn에서 유래됐는데 dubh는 검은색 혹은 어둠을, linn은 연못이라는 뜻이다. 더블린 성 근처에서 피들 강과 리피 강이 만나 생긴 깊고 어두운 조수 웅덩이라는 뜻이다. 현대 아일랜드어로 더블린의 이름은 Baile Átha Cliath라고 쓰고 이는 '울타리가 있는 냇가 마을' 정도로 해석할 수 있다. 2024년 기준으로 더블린에는 대략 120만 명이 살고 있다.

1960~1970년대 행정 당국이 무분별한 도시 개발을 주도했지만 더블린 곳곳에는 지금도 아름다운 조지안 양식의 광장

더블린 리피 강 위에 있는 멜로우 다리

과 개방된 공간들이 남아 있다. 피닉스 공원은 더블린을 포함한 유럽 지역에서도 손꼽히는 대규모 공원으로, 이곳에서는 자유롭게 뛰는 사슴도 만날 수 있다.

더블린의 문화 예술계는 다양한 박물관, 극장, 축제로 활기가 넘친다. 제임스 조이스의 『율리시스』를 기념하는 블룸즈데이, 더블린 국제 영화제, 브램 스토커 페스티벌 등 다양한 이벤트를 보기 위해 아일랜드 전역은 물론 전 세계 사람들이 더블린을 찾는다. 아일랜드 국립미술관과 마찬가지로 아일랜드 국립박물관, 더블린 리틀 뮤지엄, 게이어티 극장 모두 더블린 중심지에 있다. 더블린에는 세상에서 가장 아름다운 서책이라는 수식어가 붙는 아일랜드 국보 가운데 하나인 8세기 『The Book of Kells(켈스의 서)』를 소장하고 있는 트리니티 칼리지 더블린, 더블린 대학, 더블린 시티 대학, 더블린 기술 대학, 이렇게 총 4개의 대학이 있다.

더블린의 주요 수출 품목은 제약 제품과 유기 화학 제품, 광학 의료 기기로 주로 미국과 독일, 영국 등으로 수출된다. 최근 몇십 년 동안 더블린은 역동적인 기술과 금융 서비스 허브로 부상했으며 여러 다국적 기업의 본부나 지사를 유치하는 데에 성공했다.

【코크】

더블린에 이은 아일랜드의 두 번째 도시는 남서부에 있는 코크다. 아일랜드에서 가장 친절한 도시라는 명성에 걸맞게 코크의 시민들은 수다쟁이들의 나라라는 아일랜드에서도 가장 말이 많은 사람들이다. 잉글랜드의 통치에 반항했던 기록 덕분에 '반란의 도시'라는 별명은 가진 코크와 이곳의 시민은 아일랜드 독립 전쟁과 내전에서 중요한 역할을 했다.

코크는 리 강^{River Lee} 위에 있는 도시로 코크의 거리는 한때 선박이 정박했던 수로 위에 지은 것이다. 더블린과 마찬가지로 코크가 발전을 시작한 초창기에는 덴마크인들이 중요한 역할을 했다. 9세기경 바이킹들이 습지라는 뜻의 '코르카흐'라는 이름의 무역 정착지를 형성했으며, 이는 우리가 지금 알고 있는 코크가 됐다.

코크 시에는 존슨앤드존슨, 화이자, 노바티스 등 세계 유명 제약 회사의 본사가 있으며 코크의 제약 산업에서 가장 유명한 의약품은 바로 비아그라다. 제약 산업뿐만 아니라 애플의 유럽 본사도 이곳에 있다. 코크의 제조업, 연구 개발, 고객 서비스 등에 종사하는 인원이 3천 명이 넘는다.

이 밖에도 코크는 진, 위스키, 맥주인 비미시 스타우트로 유명하다. 코크 출신의 가톨릭 사제인 매튜 신부를 빼놓을 수 없다. 코크 사람들이 말하는 "그 조각상"이란 테오발드 매튜(실제 조각상 받침대에는 Matthew가 아닌 Mathew라고 새겨져 있다) 신부의 조각상이다. 매튜 신부는 가톨릭 금주 운동을 이끌었으며, 이 운동은 성심선구자단(가톨릭교회 내에서 금주 운동을 확산시키는 데 중요한 역할을 했으며 이 운동은 결국 미국으로 확산됐다 - 옮긴이)으로 발전했다. 성심선구자단의 성공은 아일랜드 사람들의 술 취한 모습, 특히 농촌 지역 사람들의 그런 모습은 실제 아일랜드 사람들의 이

코크 주에서 바라본 코브 항구 전경

미지와 멀다는 걸 보여준다.

코크에 있는 코브 항구는 아일랜드에서 하나밖에 없는 크루즈 전용 터미널을 갖추고 있다. 과거 수백만 명이 아일랜드를 떠나 북아메리카로 떠날 때 출발한 곳이 바로 코브 항구였다.

코크 시 외곽에는 관광 명소인 블라니 성이 있다. 관광객들은 블라니 스톤에 입을 맞추기 위해 목이 부러질 정도로 한껏 몸을 뒤로 젖히는데, 이곳에 입을 맞추면 뛰어난 언변을 가질 수 있다는 전설이 있기 때문이다. 목숨을 걸고 관절을 꺾어가며 무리해서 블라니 스톤에 입을 맞추는 일이 내키지 않는다면 이곳의 정원과 역사적인 장소만 둘러봐도 즐길 거리는 충분하다.

【 골웨이 】

골웨이는 아일랜드 서해안에 있는 매력이 가득한 도시로 스산한 아름다움을 간직한 코노트 지방의 주도이다. 이곳은 활기가 넘친다. 인구 8만 6천 명 가운데 20%가 학생일 정도로 젊은 층의 비율이 높고 음악이 흐르는 펍과 활기찬 시장이 가득하다. 골웨이는 아일랜드 언어의 중심지이며 그림처럼 아름다운 코네마라와 애런 제도로 향하는 시작점이다. 골웨이의 중세 역사는 스페인식 아치와 린치스 성 등 도시의 건축물을 통해 한눈에 알아볼 수 있다. 골웨이 레이스(매년 7월 마지막 주 월요일에 시작되는 아일랜드의 경마 대회 - 옮긴이)와 골웨이 국제 예술제를 보기 위해 매년 골웨이를 찾는 관광객도 많다.

【 리머릭 】

아일랜드 중서부에 있는 리머릭은 역사와 현대가 공존하는 곳이다. 도보 여행에 최적화된 이곳은 생기 가득한 문화생활과 함께 섀넌 강 변에 있는 역사 깊은 카페와 바들도 함께 즐길 수 있다. 존 왕의 성, 성모 마리아 대성당, 경기장인 토먼드파크도 꼭 들러봐야 할 관광 명소이다. 이곳은 리머릭대학교 덕분에 활기찬 대학생들의 문화도 더해져 매력이 넘치는 도시다.

【 벨파스트 】

벨파스트는 문화·역사적으로 많은 부분이 아일랜드 공화국과 연결되어 있긴 하지만, 현재 북아일랜드의 수도이다. 전체 인구는 35만 명 정도이지만, 60만 명 이상이 도시 16킬로미터 반경 안에 모여 살고 있다.

벨파스트는 18세기 산업혁명 덕분에 북아일랜드의 주요 도시로 자리매김했다. 도시가 항만을 품고 있었고 천연 석탄과 철광석 매립지에 대한 접근성이 뛰어난 덕분에 선박 건조와 리넨 생산, 공학 산업의 발전을 지원할 수 있었다. 벨파스트의 할랜드앤드울프는 RMS타이타닉을 건조한 선박회사로 유명하다.

지난 몇십 년 동안 벨파스트는 여러 분야에 걸쳐 큰 변화를 겪으며 문학과 예술 분야의 발전과 함께 역동적인 문화 중심지로 탈바꿈했다. 타이타닉 벨파스트 박물관, 크럼린 로드 교도소, 벨파스트 시청 등은 벨파스트가 관광 명소로 자리

잡는 데 크게 이바지했다. 제2차 세계대전 당시 공습과 1969년 북아일랜드 분쟁의 여파로 인구가 감소하는 등 뼈아픈 역사를 극복하고, 이제는 창의적이고 미래지향적인 도시의 모습으로 나아가고 있다.

【 런던데리 】

가톨릭 신자들 사이에서는 '데리'로 통하는 런던데리는 북아일랜드에서 두 번째로 큰 도시이다. 17세기부터 이어져 온 런던데리의 장벽은 도시의 중심부를 둘러싸고 있으며, 지금까지도 제대로 보존이 잘 되어 있다. 중세 시대와 조지안 시대, 빅토리아 시대의 스타일을 고루 갖춘 도시의 건축물에는 다양한 문화유산이 조화를 이루고 있다.

데리는 북아일랜드 역사, 특히 북아일랜드 분쟁을 겪는 동안 핵심적인 역할을 했다. 데리의 가톨릭 국가주의자들은 주택과 고용 등 여러 부분에서 차별을 겪었다. 1972년 1월 30일 발생한 '피의 일요일'은 대표적인 차별 사례로 시위를 진압하던 영국군이 비무장 시민 14명을 사망하게 만든 사건이다. 오늘날 데리는 도시의 분열된 과거를 회복하고 화합을 위해 노력하고 있다. 포일 강을 잇는 보행자와 자전거 전용 도로인 평화의 다리는 화합에 대한 열망을 상징한다.

데리 혹은 런던데리, 이곳을 어떻게 부르냐에 따라 그 사람의 정치적 혹은 문화적 소속감을 파악할 수 있다. 국가주의자와 가톨릭 신자는 아일랜드의 역사적 유산과 문화적 정체성을 표현할 수 있는 데리라는 이름을 자주 쓰는 반면, 연합주의자와 개신교 신자는 런던과 연관성이나 과거 영국 통치의 유산임을 강조하기 위해 런던데리라는 이름을 쓴다.

아일랜드 공화국의 정치

아일랜드는 성문법을 갖춘 민주주의 국가이며 의회는 양원제로 운영된다. 입법기관인 에러크터스는 아일랜드의 대통령과 다일 에이런과 세나드 에이런으로 구성되어 있다. 의회의 상원인 세나드 에이런의 의석수는 총 60석으로, 여러 대학에서 6명을 지명하고 직업별 대표단에서 43명을 지명한다. 아일랜드 총리 티셔흐가 나머지 11명을 지명한다. 핵심 의회는 하원인 다일 에이런으로 총 160명의 의원은 다소 복잡한 형태의 비례대표제로 선출된다.

법령에 따라 최소 5년마다 총선이 열려야 하고 핵심적인 변화는 국민투표에 따라 결정되어야 한다. 예를 들어 1995년 이혼 허용(아일랜드 헌법 수정 제15조로 이전까지 아일랜드에서는 헌법으로 이혼이 금지되어 있었다 – 옮긴이), 2002년 낙태 금지(2018년 국민투표로 폐지됐다 – 옮긴이), 2015년 동성 결혼 허용 등이 대표적인 사례다. 7년마다 직접 선거로 선출되는 대통령은 집행 권한은 없지만, 군 통수권을 가지고 있으며 외교 사절을 접견하고 신임장(타국에 파견하는 대사를 임명하는 공식 외교 서한 – 옮긴이)을 수여하거나 의전 임무를 수행한다. 실제 정치적 권한은 대통령이 임명하는 다일의 선출 의원 출신인 티셔흐에게 있다.

정치인을 향한 비판은 아일랜드 사람들에게 즐거운 오락거리이지만, 아일랜드의 복잡한 정치 시스템과 여러 미묘한 차이는 대부분 외국 사람이 이해하기는 어려운 주제다.

제임스 라킨이 노동조합을 이끌던 시대부터 가장 오래된 정당인 노동당이 있었지만, 1922년 분립 독립 이후 발발한 내전으로 아일랜드 정치 체계는 1980년대까지 근본적으로 양분되어 있었다.

1990년 진보주의 여성인 메리 로빈슨이 여성 최초로 대통령으로 당선된 건 엄청난 성공이었으며, 덕분에 두 번째 여성 대통령 메리 매컬리스가 탄생할 수 있었다. 오래된 고정관념에서 벗어난 이런 변화는 북아일랜드를 통일 아일랜드의 한 부분이라고 주장하던 아일랜드 헌법 2조와 3조가 수정되었다는 사실에서도 잘 나타난다.

헌법이 수정되면서 아일랜드 섬에서 태어나는 모든 사람에게 '아일랜드 국민의 일원'이 될 권리를 부여한다. 수정 헌법 조항은 북아일랜드와 아일랜드 사람들의 동의하에 아일랜드의 평화로운 정치적 통합에 대한 열망을 담고 있다. 더불어 주목할 만한 사건은 고^故 엘리자베스 여왕이 2011년에 영국 군주 중에 최초로 아일랜드 공화국을 방문했다는 것이다. 여왕과 대통령은 화합과 우정에 관한 연설을 했다.

북아일랜드의 정치

북아일랜드에서 시작된 분쟁은 수년 동안 아일랜드 전역으로 퍼졌다. 1969년 북아일랜드 분쟁이 시작되고 이후 몇 년 동안 약 3,500명이 사망했다. 북아일랜드 인구 절반 이상은 스코틀랜드 혹은 영국 계통으로 '얼스터 플랜테이션'을 통해 정착한 개신교다. 이들은 영국과 결별하고 가톨릭 중심의 아일랜드 공화국에 합류하고 싶은 마음이 전혀 없었다. 나머지 인구는 아일랜드 본토 출신 가톨릭 신자들로 통일된 독립 아일랜드 국민이 되고자 한다.

북아일랜드와 남아일랜드 상관없이 모든 아일랜드 사람은 아일랜드 여권을 소지하며, 모든 아일랜드 시민권 소지자는 영국 시민과 동등한 자격을 갖는다는 점이 상황을 더욱 복잡하게 만든다.

간혹 폭력 사태가 벌어질 때도 있지만, 북아일랜드는 '성금요일 협정' 이후 완전히 달라졌다. 성금요일 협정은 스톰몬트(벨파스트 동부에 있는 북아일랜드 의회 소재지-옮긴이)에 권력을 분산하는 북아일랜드 의회를 설립하는 데 이바지했으며, 북아일랜드에서 태어난 사람은 영국과 아일랜드 중 어느 국적을 택할지 선택권이 있음을 명시했다. 아일랜드 국민은 법률상 이미 영국에 정착한 사람으로 간주하므로 무기한 체류 허가를 취득하거나 귀화를 목적으로 영주권을 발급받지 않아도 된다. 공동 여행 구역 협정에 따라 영국과 아일랜드 국민은 양국을 자유롭게 이동하거나 거주할 수 있다. 이 밖에도 사회 복지와 의료 서비스를 받을 수 있으며 노동, 학업, 투표 등 권리를 누릴 수 있다.

유럽연합과 자유무역은 나라 간 경제적 장벽을 허무는 데 큰 역할을 했으며, 다른 장애물을 없애는 데도 일조할 수 있을 것이다.

【 새로운 의회 】

북아일랜드 의회의 의원석은 성금요일 협정에 따라 총 90석으로 설립됐다. 의원은 다수의 개신교 의원 수를 보장하는 옛 시스템인 '게리맨더링'보다 훨씬 공정한 방법인 비례대표제로 선발한다.

【 주요 정당 】

북아일랜드에는 10개의 정당이 있다. 민주연합당은 1971년에 개신교 연합당의 지도자 고^故 이언 페이즐리 목사와 얼스터 연합당 소속이었던 데스몬드 볼이 창단했으며 현재 북아일랜드 의회에서 두 번째로 큰 정당이다.

신 페인 당은 북아일랜드 의회에서 가장 큰 정당으로 1차 선호 투표에서 최다 득표율을 기록한 적이 있으며 가장 많은 의석을 차지했다. 아일랜드 민족주의 정당으로서는 최초였다.

북아일랜드의 녹색당과 북아일랜드 연합당은 가톨릭교와 개신교의 화합을 위해 노력하는 중도 정당이다. 가톨릭 연합 지도자인 게리 핏과 교사인 존 흄은 1970년에 사회민주노동당을 창당했다. 1998년 존 흄은 노벨 평화상을 수상하고 북아일랜드의 빈민과 폭력 희생자들을 위해 상금을 기부했다.

신 페인 당의 제리 아담스와 존 흄 사이의 논의는 성금요일 협정에 일조했으며, 후에 얼스터 연합당의 데이비드 트림블도 이들의 논의에 함께했다.

북아일랜드는 18개의 선거구를 통해 영국 의회(웨스트민스터궁)에 참여할 수 있지만, 신 페인 당 당원들은 아일랜드 사람들을 통치하는 데 영국 정치 기관이 관여할 수 없다는 신념으로 의회에 참석하지 않는다.

【 브렉시트 】

2016년 영국이 유럽연합을 탈퇴하기로 최종 결정을 내리자, 아일랜드의 정치와 경제에 큰 파문이 일었다. 가장 시급한 문제는 영국에 속한 북아일랜드와 유럽연합 회원국인 아일랜드 공화국 사이에 삼엄한 경계가 다시 생길 수 있다는 것이었다. 성금요일 협정은 영국과 아일랜드 양국이 모두 유럽연합 회원국이라는 전제로 성립됐다. 영국이 유럽연합을 탈퇴하자 성금요일 협정의 지속 가능성에 대한 의문이 제기되었고, 아일랜드 통일에 관한 논의가 촉발됐다.

북아일랜드에서는 잔류를 희망하는 젊은 층과 탈퇴를 희망하는 중장년층 사이에서 확실한 대립이 드러났다. 아일랜드 공화국에서는 브렉시트를 통해 얻을 장점이 없으며 무역과 양국 간 이동의 자유에 해를 끼치고 잠재적으로는 평화 협정을 방해할 거라는 시각이 지배적이었다.

브렉시트가 아일랜드 경제에 미치는 영향에 있어서 일부 우려가 일정 기간 현실이 되기도 했다. 아일랜드와 영국 간 새로운 인프라와 세관 통관 문제로 새로운 시스템이 준비되는 동안 엄청난 운송 지연이 발생했고, 기업들도 크게 손실을 보았다. 북아일랜드는 유럽 단일 시장에 잔류하기로 조정했는데, 이로 인해 영국의 다른 지역과 규제가 달라지면서 아일랜드 전체 경제를 복잡하게 만들고 말았다.

국민투표 결과를 누그러뜨리고 아일랜드의 평화와 안정을 위해 노력을 아끼지 않고 있지만, 브렉시트는 여전히 아일랜드와 유럽연합, 아일랜드의 관계에 중대한 영향을 끼치는 복잡하고 예측할 수 없는 문제로 남아 있다.

【 코로나 사태 】

코로나바이러스가 전 세계를 강타했던 당시, 2020년 3월 아일랜드에서도 코로나바이러스 감염자가 나왔다. 아일랜드 당국은 평소에 효율적으로 운영되던 아일랜드의 보건 시스템이 과

부하되지 않도록 예방 조치에 힘을 썼다. 마스크 착용, 사회적 거리 유지, 손 씻기 등 예방 수칙을 잘 지키도록 시민을 독려했으며 감염자 수를 감당할 수 있는 수준으로 유지하기 위해 팬데믹이 진행되는 단계에 따라 제한 조치가 시행됐다. 자가격리 조치 이외에도 필수 사업장을 제외한 곳은 영업이 제한되었고 여행을 포함한 이동제한 조치까지 시행됐다.

대다수 국가와 마찬가지로 아일랜드의 경제도 큰 타격을 입었지만, 코로나바이러스 확산으로 인한 경제 후폭풍을 줄이기 위해 정부는 가능한 조처를 했다. 팬데믹으로 피해를 본 자영업자와 사업자들에게 추가 임금, 보조금, 실업급여 등의 형태로 재정 지원을 아끼지 않았다. 2020년 3월을 기준으로 팬데믹으로 일자리를 잃은 회사원이나 프리랜서를 지원하기 위해 팬데믹 실업 지원금이 마련됐다.

당국에서 자가격리를 시행하자 학교에서는 학생들의 안전을 위해 원격수업과 대면수업을 혼합한 수업 방식을 도입했다. 회사에서도 사람들 간 물리적 접촉을 최소화하기 위해 재택근무 시스템을 시행했다. 이는 코로나 사태가 종식된 이후에도 계속됐다. 코로나 이전의 출퇴근 시스템으로 돌아간 회사들도 많았지만, 주 2~3회 사무실로 출근을 하고 나머지 요일을 재택근무를 하는 혼합 시스템을 도입한 회사들도 있다.

정부의 이동제한 조치에 반발하는 사례도 있었지만, 대다수 아일랜드 국민은 정부의 조치를 받아들이고 성실하게 따랐다. 사람들은 취약층을 보호하고 의료 시스템에 부담을 줄일 수 있도록 제한 조치를 준수하는 일이 모두 함께 짊어져야 하는 책임이라는 사실을 잘 알고 있었다. 이어질 내용에서 살펴보겠지만 아일랜드 사람들은 공동체 의식이 강하다. 이는 코로나 사태가 터졌을 때 이들의 대응 방식에도 반영됐다. 펍이나 지역 행사에서 자주 볼 수 있듯이 아일랜드 사람들은 사적 모임을 자주 갖고 즐기지만, 대의를 위해 잠시 미뤘다. 그 자체로 함께 어려움을 극복하려는 아일랜드 사람들의 결의를 보여줬다.

2020년 12월 아일랜드 전국에서 의료 종사자, 노년층, 취약계층을 우선으로 접종 캠페인이 시작되었으며 효과적인 접종을 위해 전국에 백신 센터가 설치됐다. 코로나바이러스 관련 조치 중 의료시설에서 마스크 착용 의무화가 마지막까지 시행되었지만, 2023년 4월을 기점으로 폐지됐다. 면역력이 약한 사람들은 4월 이후에도 마스크를 계속 착용하고 있지만, 이제는 의무 사항이 아니다.

02

가치관과
사고방식

아일랜드는 스토리텔링과 신화에 관련된 풍부한 전통을 가지고 있으며 이는 현대에서도 문화에서 중요한 역할을 하고 있다. 선조들의 지혜를 전달하고 문화적 역사에 이바지하기 위해 전설은 세대를 거쳐 구전으로 전해진다. 아일랜드의 영웅적인 전사 쿠 훌린의 이야기만 봐도 이런 특징을 잘 알 수 있다.

우리 아일랜드 사람들은 밋밋한 원단보다는 수를 놓은 원단을 더 좋아한다. 우리 아일랜드 사람들에게 기억이란 수를 놓은 원단 위에 그림을 칠할 준비를 마친 캔버스다. 우리는 '역사'라는 단어에 담긴 '이야기'를 좋아한다. 그 이야기에 색을 칠하고 드라마를 더하고 리본을 다는 걸 좋아한다. 우리의 음악을 듣고 켈트 무늬를 보시라. 우리는 언제나 본질에도 수를 놓는다.

-프랭크 델라니_아일랜드 소설가, 저널리스트, 방송인.

아일랜드의 정체성

아일랜드는 역사와 문화가 풍부하며 역동적인 전통과 흥미로운 민속, 강한 공동체 의식이 있는 나라다. 오랜 세월 독립을 위해 투쟁하면서도 아일랜드 사람들은 자신들의 언어, 문학, 종교, 예술, 무용 등 문화유산에 대한 자긍심을 잃지 않았다.

【 아일랜드 사람들의 결속 】

아일랜드 사람들은 가족과 공동체를 중요하게 생각한다. 고

대부터 전해져 내려온 이웃끼리 서로 농사일을 돕는 메이틸 meitheal (협력과 상호 지원을 뜻하는 아일랜드어 단어로, 전통적으로 이웃이 농업이나 건설 같은 노동을 서로 돕는 것을 의미-옮긴이) 개념은 아일랜드 사람들의 결속을 잘 보여준다. 아일랜드 사람들은 서로를 시기하고 질투한다는 말도 맞지만, 공동체를 지지하고 어려울 때 도움의 손길을 내밀기도 한다. 아일랜드 지난 10년간 유럽에서 가장 따뜻하고 이웃을 배려하는 나라로 손꼽혔다. 아일랜드 사람들에게는 결혼식, 성찬식, 명절 등 가족 모임이 우선순위이며 노력을 아끼지 않는다.

【 언어 】

아일랜드에서는 영어와 아일랜드어(게일어)가 공식 언어다. 아일랜드의 도로 표지판이나 안내판에는 영어와 게일어 두 가지 언어가 모두 표기되어 있어 도착하자마자 게일어를 접할 수 있다. 일상에서는 영어를 쓰는 사람이 압도적으로 많지만 아일랜드를 고향으로 삼은 세계 각지 출신의 사람이 많아 길거리에서 다양한 언어가 들린다.

　게일어라고도 하는 아일랜드어는 켈트어족에 속하며 현재 아일랜드에서 게일어를 구사하는 사람은 대략 200만 명(전체 거주민의 약 40%) 가까이 된다. 2016년도와 비교했을 때 6% 정도 증가했으며 게일어를 구사하는 사람들 절반은 일상에서 게일어를 쓴다고 답했다. 4세기에 기록 흔적이 있는 게일어는 현재 아일랜드 공교육의 핵심 과목 중 하나이고 의무 교육 과목이다. 아일랜드 국민이 모두 게일어를 유창하게 구사하는 건 아니지만, 어려운 게일어 문법을 공부하느라 오랫동안 고생한 사람들조차 게일어가 사장되는 걸 원치 않는다. 아일랜드 사람

• 칭찬에 목마른 사람들 •

올리버 세인트 고가티는 아일랜드의 유명한 해학가 중 한 명으로, 제임스 조이스의 『율리시스』에 등장하는 벽 멀리건의 모티브가 된 인물이다. 고가티는 "아일랜드 사람에게 다른 아일랜드 사람을 칭찬해서는 안 된다. 아일랜드 사람들은 서로 비난하는 경향이 있다"라는 말을 남겼다. '시기'는 아일랜드 사람들의 천성이다. 관대하기로 유명한 아일랜드 사람들은 누군가의 행복을 빌어줄 때 가끔 정반대의 모습을 보여주기도 한다. 이런 특성을 스스로 잘 알고 있어 요즘에는 유머로 소화하고 있다. 이제 아일랜드 사람들은 상대방의 성공을 인정하고 그 사람을 "우리 중 한 사람"이라고 말하는 분위기가 더 강하다.

들은 일상에서 간단한 게일어를 흔히 사용한다. 건강을 기원하는 의미의 게일어인 "sláinte('슬란차'라는 발음에 가깝다 - 옮긴이)"를 일상에서 쉽게 접할 수 있다. 아일랜드를 여행하다 보면 가끔 양복 옷깃에 작은 황금색 하프를 달고 있는 사람을 만날 수 있다. 이 표시는 게일어를 구사할 수 있거나 적극적으로 게일어를 구사할 의지가 있다는 표시다. 게일어에 대한 자세한 정보와 게일어의 발달 과정, 현재 사용 빈도 등은 3장에서 확인할 수 있다.

아일랜드 문화에서 농담은 특별하다. 장난스러운 농담은 사회생활을 포함한 인간관계의 자연스러운 일부분이며 우정을 쌓는 방법이기도 하다. 아일랜드 사람들은 재치와 유머가 있고 어느 상황에서든 유머를 발휘하는 것으로 유명하다. 펍이나 저녁 식사 자리에서 누군가 그 자리의 화젯거리가 되어 다같이 웃음이 터지는 광경을 흔히 볼 수 있다. 재치 있게 그 자리에서 바로 반박하거나 은근슬쩍 비난하는 데 능숙한 사람들은 말재주가 있다는 칭찬을 듣는다. 아일랜드식 농담이 자기를 깎아내리는 특징이 있긴 하지만, 문화적·개인적 감수성을 건드리지 않도록 조심해야 한다. 그렇다고 해서 너무 진지하게 받아들일 필요는 없다. 아일랜드 사람들조차도 그렇게 진지하지 않기 때문이다. 아일랜드 문화에서는 무엇보다도 자신을 화제로 웃을 수 있는 마음이 중요하다.

【 풍습과 문학 】

아일랜드는 스토리텔링과 신화에 관련된 풍부한 전통을 가지고 있으며 현대에서도 문화에서 중요한 역할을 하고 있다. 선조들의 지혜를 전달하고 문화적 역사에 이바지하기 위해 전설은 세대를 거쳐 구전으로 전해진다. 아일랜드의 영웅적인 전사 쿠 훌린의 이야기만 봐도 이런 특징을 잘 알 수 있다. 쿠 훌린은 놀라울 정도로 힘이 세고 불행한 운명을 맞이한 아일랜드 전사로, 쿨리의 가축 습격에서 코노트 여왕 메브의 군대를 상대로 혼자 싸워 얼스터를 지킨 영웅 서사의 주인공이다. 전투 중에 저주가 깨졌고 쿠 훌린은 마지막 전투에서 회복할

젊은 시절 제임스 조이스의 초상화

수 없는 상처를 입었다. 그는 죽기 전 몸을 돌에 고정해 적들을 똑바로 마주 본 상태에서 죽음을 맞이했다.

아일랜드는 뛰어난 문학 유산을 자랑하는 나라로 현재 문학계에 지대한 영향을 끼친 작품과 작가들의 고향이기도 하다. 대표적인 아일랜드 작가로는 제임스 조이스와 사무엘 베케트를 들 수 있다. 아일랜드의 시인, 극작가, 소설가들은 자신만의 언어와 예리한 스토리텔링으로 아일랜드 문학의 흐름을 바꿔 놓았다. 대표적인 작가로는 더블린 태생의 오스카 와일드로 그는 『도리안 그레이의 초상』과 『진지함의 중요성』 등 불멸의 작품을 남겼다. 재치와 입담이 넘치는 오스카 와일드의 소설과 희곡은 지금까지도 관객들에게 인기가 많다. 『진지함의 중요성』은 10편 이상의 영화로 각색되었고 『도리안 그레이의 초상』은 14편, 『캔터빌의 유령』의 7편의 영화로 각색됐다. 풍자 소설 『걸리버 여행기』로 유명한 조너선 스위프트도 아일랜드 문학계의 유명한 거장 중 한 명이다.

18세기에 처음 집필된 『걸리버 여행기』는 전 세계 영어 수업 교육 과목에 포함되어 있으며 이제까지 13편의 영화로 각색됐다.

【 종교 】

종교는 아일랜드 역사 전반에 걸쳐 사회·문화·정치적 환경을 조성하는 데 결정적인 역할을 했다. 아일랜드 사람들에게 종교는 중요하다. 물론 예전만큼 종교를 숭배하는 마음은 사라지고 없지만, 현재까지도 그 영향력은 확고하다. 최근 몇십 년 동안 신앙생활이 크게 줄어들었으며 종교를 대하는 사람들의 태도도 변했지만, 아직도 많은 부분에서 종교는 개인과 단체의 정체성을 구성하는 중요한 부분이다.

수 세기 동안 로마 가톨릭이 아일랜드를 지배했다. 아일랜드의 사회, 문화, 교육, 의료, 사회 복지 등 모든 요소는 가톨릭의 영향을 받았다. 교회는 지금도 교육과 의료 부분을 지원하고 있지만, 과거만큼 영향력을 발휘하지는 못한다.

현재 아일랜드 인구 가운데 가톨릭교는 약 70%, 개신교는 4%, 정교회 및 다른 기독교를 믿는 인구는 2.8% 정도다. 현재는 아예 종교가 없는 사람의 비율이 가장 빠르게 증가하고 있다. 2011년 스스로 무신론자라고 말하는 사람의 비율은 단 5%에 불과했지만, 2022년에는 그 비율이 14.8%로 증가했으며 계속 증가하는 추세다. 아일랜드 사람들의 종교에 관한 더 자세한 내용은 3장에서 다룬다.

앞에서 다루었듯이 아일랜드의 민주주의는 다섯 개의 핵심 정당(피어너 페일 당, 피너 게일 당, 신 페인 당, 노동당, 녹색당)을 포함한 다당제 시스템을 기반으로 한다. 피어너 페일 당과 피너 게일 당은 중도 우파 정당이며 신 페인 당과 노동당은 중도좌파 정당이다. 녹색당은 지속 가능 정책과 기후 변화 대응에 초점을 둔 환경주의 정당이다. 다당제의 결과로 아일랜드의 정치는 연립 정부가 기본이 됐다. 이런 형태의 통치는 타협을 촉진하는데, 국민이 정치에 진지하게 참여하는 나라에서는 정치적 갈등을 해결하는 데 큰 도움이 된다.

현재 아일랜드 정치의 핵심 사안은 브렉시트, 브렉시트가 무역에 미칠 여파, 북아일랜드 평화, 성금요일 협정, 주택 위기, 의료보험 접근성, 기후 변화 등이다. 아일랜드의 정치와 공공 생활에서는 시민의 참여와 활동이 필수적인 역할을 한다. 시민 단체와 사회 운동은 핵심 사안과 관련된 사회 운동을 펼치며 아일랜드의 정치 담론에서 중요한 임무를 수행한다.

참고로 정치적 논쟁에 휘말리고 싶지 않다면 신경을 써야 한다. 아일랜드 사람들은 논쟁을 좋아하기 때문이다. 대신 아일랜드 사람들은 다정한 성격이라 어떤 대화도 기꺼이 환영하며 상대방과 상대방의 말에 진심으로 귀를 기울인다.

휴가든 출장이든 아일랜드를 방문한다면 현지 사람들은 상대방이나 그의 가족에 관한 질문은 물론이고 무슨 연유로 아일랜드를 방문했는지도 알고 싶어 할 것이다. 이때 이런 질문을 단칼에 자르고 바로 본론으로 들어가면 아일랜드 사람들에게는 상처가 될 수 있다. 펍에서 "좀 더 시간을 보내고 한 잔 더 하자"라고 제안하는 사람처럼 아일랜드 사람들은 대화가 즐겁고 유쾌하다면 시간에 구애받지 않는다. 좋은 시간을 보내고 있는데 굳이 중단할 필요가 없다고 생각하기 때문이다.

[무용과 스포츠]

아일랜드의 리버 댄스 무용 공연이 전 세계적으로 인기를 얻으면서 1990년대 아일랜드 댄스가 관심을 받기 시작했다. 리버 댄스는 아일랜드의 정체성을 상징하게 되었으며 아일랜드 관광을 홍보할 때도 자부심이 됐다. 이 밖에도 예술적 소양을 기를 수 있는 핵심 명소로 이름을 알렸다. 리버 댄스의 성공으로 문화 장벽이 무너졌고 이를 계기로 아일랜드의 문화, 음악, 무용에 관한 호기심이 커졌다. 리버 댄스는 지금도 전 세계의 관객을 끌어들이는 중요한 예술 분야로 자리를 지키고 있다.

길리 소프트 슈즈와 전통 복장을 하고 춤을 추는 아일랜드 댄스 앙상블

헐링 선수들이 선두를 차지하기 위해 경쟁하는 동안 모든 시선이 공(슬리오타르)으로 향하고 있다.

게일 운동 협회^{GAA, Gaelic Athletic Association}는 아일랜드 스포츠 협회로 헐링(고대 게일 아일랜드에서 유래한 야외 팀 스포츠-옮긴이), 카모기(여성이 즐기는 헐링 버전의 경기-옮긴이), 게일식 축구 등을 장려하고 관리한다. 헐링과 게일식 축구는 영국 내 아일랜드 사람들이 전 세계에 게일 운동 협회를 설립하면서 국제적인 명성을 얻었다.

세상을 바라보는 시각

아일랜드의 사회·경제 변화와 더불어 세상을 바라보는 아일랜드 사람들의 시각에도 큰 변화가 일어났다. 1920년대 후반부터 아일랜드의 주 총리들은 독립 투쟁에 참여하는 지도자 중에서 선발됐다. 에이먼 데 벌레라와 전 IRA 참모총장 숀 맥브라이드와 같은 인물들은 자신들이 투쟁하던 가치를 지키려고 노력한 전통주의자들이었다. 아일랜드 독립 후 몇십 년의 세월은 내향적인 분위기가 지배적이었으며, 자국의 문제에 집중하고자 하는 열망이 가득했다. 이런 상황을 반기지 않은 사람들은 이민을 택했고 결국 수백만 명이 고국을 떠났다.

1959년 데 벌레라가 노쇠해지면서 숀 레마스가 그의 자리를 이어받았다. 레마스는 아일랜드 경제를 개방하고 아일랜드의 젊은이들이 영국, 호주, 미국으로 나가는 상황을 해결하려고 노력했다. 1960년대 보호무역주의 폐지는 새로운 개막을 알리는 신호탄이었다. 1960년대 중반에 이르자 이민을 떠나는 수가 절반으로 줄었고, 떠났던 사람들조차 이제는 더 진보적이고 기회가 가득한 고향으로 돌아오는 길을 택했다.

1960년대부터 1990년대까지 아일랜드는 편협하고 고립된 경제 체제를 국제 무역을 수용하는 세계 경제로 전환했다. 1973년 유럽연합 가입을 계기로 아일랜드 경제는 국제 시장에 뛰어들었고, 이웃의 유럽 국가들과 강력한 유대를 구축하게 됐다.

1990년대 후반부터 2000년대 초반 아일랜드의 경제는 활기찬 부동산 시장, 성장을 거듭하는 테크놀로지 산업, 글로벌 경제와 통합 덕분에 엄청난 경제 성장을 이룩했다. '켈트의 호랑이'의 시대라고도 하는 이 시기 동안 아일랜드는 다국적 기업을 유치해, 특히 기술, 제약, 금융 분야의 중심으로 떠올랐다. 아일랜드가 깨달은 바대로 상호의존은 대가 없이 이루어지지 않았다. 2008년 금융위기와 이로 인한 유럽 부채 위기는 아일랜드 경제에 날카롭고 고통스러운 상흔을 남겼다. 주택 시장이 붕괴하고 은행도 위기를 겪으면서 긴축 정책, 구제 금융 프로그램, 심각한 공공 부채로 이어졌다.

지난 십 년 동안 아일랜드는 세계화, 경제 회복, 급변하는 지정학적 동향 등 여러 난제를 극복해왔다. 유럽연합 안에서 위치를 견고히 하는 동시에 미국과 영국을 비롯한 주요 국제 파트너국과의 강력한 협력 관계를 유지해왔다. 과거의 교훈을 발판 삼아 아일랜드 경제는 기술, 제약, 재생 에너지 분야에 끊임없이 집중하면서 경제를 다각화했다.

아일랜드의 국제 관계에 가장 큰 영향을 미친 요인은 당연히 브렉시트다. 아일랜드와 유럽연합 간의 관계가 얼마나 중요한지 브렉시트를 통해 여실히 드러났다. 아일랜드와 영국 간 밀접한 경제·문화적 유대 관계로 인해 브렉시트의 협상 과정에서 무역, 국경, 성금요일 협정 등의 문제에 신중히 접근해야만 했다.

소규모의 대외 개방형 경제 체제인 아일랜드는 진화하는 국제 정세에 적응하면서 역동적이고 혁신적인 국가로서 명성을 유지하기 위해 노력하고 있다.

【 오늘날의 아일랜드 】

매년 평균 20일의 유급 휴가와 유럽 본토(영국, 아일랜드, 아이슬란드를 제외한 프랑스, 독일, 이탈리아 등 대륙에 붙어 있는 유럽 국가-옮긴이)로 가는 저렴한 항공편 덕분에 아일랜드 사람들은 비교적 해외여행이나 체류에 제약이 적다. "세상은 너의 것"이라는 마음으로 학교를 갓 졸업한 아일랜드 젊은이들은 뉴욕, 두바이, 호주 등지로 떠나 외국에서 일하고 고향으로 와서 일자리를 찾는 경우도 많다. 유럽 본토, 아시아, 캐나다에서 생활하거나 일하는 아일랜드 사람들끼리 모인 커뮤니티가 있고 미국 J-1 비자(문화 교류를 목적으로 하는 미국의 비이민 비자-옮긴이)를 받아 한시적으로 생활하며 일할 기회는 잡는 사람들도 있다. 고등학교를 졸업하고 휴식기를 갖거나, 직장을 잠시 휴직하고 동남아시아와 호주를 여행하는 것도 흔한 일이다. 아일랜드로 오는 이민자들은 다른 유럽 국가 출신들이 많은데, 2022년 러시아의 우크라이나 침공 이후 우크라이나 출신 이민자들이 급증했다.

성(性)과 도덕

아일랜드 가톨릭교회의 도덕관은 비교적 최근까지 상당한 영향력을 미쳤다. 아일랜드에서는 1979년이 되어서야 합법적으로 피임약을 복용할 수 있었으며, 동성애를 법으로 금지하지 않은 건 1993년이었다. 유럽 국가 중 가장 늦게 이혼을 합법화한 국가는 아일랜드로 1995년에 법적으로 이혼을 허락했다. 대중의 전폭적인 지지를 받으며 변화는 계속됐다. 아일랜드는 2015년 국민투표를 거쳐 국민의 62%의 찬성을 바탕으로 동성 간 결혼을 합법화했다. 국민투표로 동성 결혼 합법화를 결정한 나라는 아일랜드가 최초였다. 2015년 결혼법이 합법화되면서 동성 커플에게도 동등한 권리와 법적 보호를 보장하게 됐다. 이런 역사적인 결정은 사람들의 태도에 큰 변화가 생겼다는 의미와 동시에 아일랜드 사회에서 LGBT를 수용한다는 방증이기도 했다.

2018년에는 압도적인 표 차로 임신 중절 수술이 합법화되면서 아일랜드 헌법 제8조가 폐지됐다. 합법화 이전 아일랜드에서는 임신 중절 수술을 받을 수 없었다. 강간이나 근친상간으로 인한 임신이거나 태아에게 심각한 장애가 있는 경우도 예외 경우가 적용되지 않아 많은 여성이 영국에서 수술을 받았다. 2022년 아일랜드 보건부는 30세 미만 여성들을 대상으로 무상 피임을 제공했다. 몇십 년 전까지만 해도 상상하기조차 힘든 일이었지만, 이제는 사람들의 생각과 태도가 바뀌었고 혼전 순결에 대해 걱정하는 사람도 별로 없다. 물론 여전히 무분별한 성관계는 지양하는 분위기다.

【 결혼과 가족 】

오늘날 다양해진 아일랜드의 가족 형태를 보면 사회 규범과 가치의 변화를 알 수 있다. 부모와 자녀로 구성된 핵가족이 아일랜드의 가족 형태의 핵심을 이루고 있지만, 한부모 가정과 재혼 가정도 증가하는 추세다. 서구 사회와 마찬가지로 가정을 꾸리기 전에 본인의 학업, 경력, 개인의 발전 등에 집중하면서 평균 혼인 나이와 출산 나이가 많아졌다.

아이들이 어디를 가든 환영을 받고 모임 자리에도 초대를 많이 받는다. 아이들이 공공장소에서 소란을 피운다고 하더라도 다른 서구권 나라보다 눈총을 적게 받는다. 대가족은 이제 옛날이야기로 요즘 가정은 평균 한두 명 정도 자녀를 낳는다. 대다수 여성은 출산 이후에도 경제 활동을 이어가며 맞벌이

가정도 이제는 일반적이다. 남녀 모두 직장에 다니고 가사와 육아를 함께 책임진다. 아일랜드 문화는 공동체의 지지를 중요하게 생각하므로 가족의 일상을 유지하기 위해 친지, 친구, 이웃이 중요한 역할을 한다.

검열

도덕적 검열은 아일랜드 공화국에서 많은 영화와 책이 금지되던 시절의 중요한 일부분이었다. 1994년 가톨릭교회의 성 추문을 주제로 한 영화 〈프리스트〉가 더블린에서 대중에게 공개되었을 때 커다란 전환점이 일었다. 실제로 가톨릭교회에 관한 일련의 성 추문이 있었다. 영화가 공개됐을 무렵, 나이 많은 사제가 사우나에서 사망했고 그 자리에는 마침 어린 사제 두 명이 함께 있어 종부 성사를 했다는 사실이 밝혀졌다(종부 성사는 사전에 불러오는 경우가 많다. 사우나에 세 사람이 함께 있었다는 것은 부적절한 관계를 암시하고 있다 - 옮긴이). 최근 훨씬 심각한 일이 벌어지고 말았는데, 사제들에 의한 아동 성추행 사건이 드러난 것이다. 최악은 아일랜드 주교들이 이 사건을 덮어두려고 했고 이로 인해 가톨릭교회에 대한 대중의 존경심이 크게 훼손됐다(다음 3장에서 이 사건이 가톨릭교회에 어떤 영향을 미쳤는지 자세히 다룬다).

　검열은 이제 과거의 산물이다. 아일랜드 헌법에 따라 표현과 언론의 자유가 보장된다. 실제로 1998년 이후 금서로 지정된 책은 "음란"하고 "부도덕"하다는 이유로 진 마틴이 쓴 『The Raped Little Runaway(강간당한 작은 도망자)』 단 한 권뿐이다. 1960년 에드나 오브라이언의 『시골 소녀들』과 1965년 존 맥가헌의 『The Dark(어둠)』 등 유명한 책도 과거에 금서로 지정된 적이 있었다. 아날로그 텍스트 문제를 넘어 현재 아일랜드는 특히 어린 인터넷 사용자와 관련된 온라인 콘텐츠 문제로 골머리를 앓고 있다. 이 문제를 해결하기 위해 2022년 12월에 온라인 안전과 미디어 규제법이 제정됐다. 2023년 3월에는 미디어 위원회가 새롭게 설립되어 모든 디지털 콘텐츠, 텔레비전 방송, 스트리밍 서비스에 관한 규제 기관으로 지정됐다.

가치관과 텔레비전

고인이 된 어느 의회 의원이 이런 말을 한 적이 있다. "텔레비전이 보급되기 전에 아일랜드에는 성*이 없었다." 일정 부분 일리가 있는 주장이다. 아일랜드 사람들이 성에 대해 개방적인 태도를 보이게 된 건 텔레비전과 다양한 미디어가 사회적 통념에 정면으로 도전하면서 생긴 결과이기 때문이다.

아일랜드 방송 협회RTÉ, Raidió Teilifís Éireann의 출범과 함께 1961년 텔레비전이 아일랜드에 공식적으로 첫선을 보이게 됐다. 텔레비전의 보급은 아일랜드 사회의 획기적인 사건이었다. 집안에서 아일랜드 밖 세상을 볼 수 있었고 문턱을 넘어 세상 밖에서 무슨 일이 벌어지고 있는지 바로 알 수 있었다.

아일랜드의 전설적인 토크쇼 〈레이트 레이트 쇼〉에서는 오랫동안 일상 문제에 관한 토론의 장을 벌였다. 하지만 위성 텔레비전과 케이블을 통해 미국과 영국 텔레비전 프로그램이 널리 보급되고, 이제는 스트리밍 서비스까지 이용할 수 있게 되면서 이들이 더 큰 영향력을 행사하게 됐다. 이런 프로그램들은 아일랜드 인구의 핵심 연령대인 40세 미만 인구의 가치관을 형성하는 데 크게 이바지했다.

변화하는 시대

이제껏 보았듯이 아일랜드 사회는 오랜 시간 동안 보수적인 가톨릭교회의 영향을 받았다. 최근 몇십 년 동안 아일랜드의 사회적 통념이 크게 변했으며 이런 추세는 특히 40세 미만 인구에서 현재까지도 이어지고 있다. 종교적 교리를 따르지 않고 이혼, 동성 결혼, 임신 중절 수술 등 이전에 금기 사항을 깨는 데 거부감을 느끼지 않는 사람들이 점점 더 늘어나고 있다. 법으로 금지 대상이었던 일들이 이제는 아일랜드 사회에서 법적 권리로 보호받고 있다. 아일랜드 사회의 변화가 다른 국가의 추세와 크게 다르지 않지만, 눈여겨 볼만한 점은 이런 변화가 '위에서'(혹은 브뤼셀에서) 강요한 것이 아니라 국민투표를 통해 자발적으로 '아래에서' 시작되었다는 것이다(브뤼셀은 유럽 연합 본부가 있는 곳으로 흔히 행정 권력, 여러 법령, 정책 결정의 핵심을 뜻한다-옮긴이). 아일랜드 사회의 이런 변화는 정치적 권위에 의해 실행된 것이 아니고 아일랜드 국민의 뜻에서 비롯된 결과다.

【다양성】

아일랜드 사회는 계속 다양성을 포용하고 있으며 젊은 세대는 이런 흐름을 적극적으로 환영한다. 아일랜드의 젊은이들은 포용적인 사회를 만들어 가는 일에 관심이 많으며 다양한 문화와 배경을 가진 사람들에게 더 개방적이다. 이런 변화는 문화 축제와 다문화 행사가 많아지고 LGBT 권리에 관한 사회적 수용이 높아지는 모습에서 잘 드러난다.

성평등을 위해 아일랜드 사회는 큰 노력을 기울였지만, 무엇보다도 임금 격차를 해소하기 위해서는 아직 갈 길이 멀다. 오늘날 리더 자리에 오르는 여성들의 수가 많아졌으며 성인지와 성차별에 대한 시각도 크게 향상됐다. 미투 운동 등 사회 운동을 통해 동의, 괴롭힘, 직장 내 성별 역학에 대한 담론을 촉진하고 평등을 추구하고 있다.

【 미래 과제 】

젊은층에서 재생 에너지원 사용 확대 등 지속 가능한 실천을 주장하면서 환경 문제가 주요 관심사로 떠올랐다. 적정 가격 주택 부족으로 인한 주택 위기도 시급하다. 이를 해소하기 위해 정부가 개입해 정책을 바꾸도록 요구하는 목소리가 커지고 있다.

이 세대는 끊임없이 변하는 고용 시장에서 경쟁력을 갖추기 위해 교육과 평생 학습을 중요하게 생각한다. 평생 한 직장에 다니는 시대는 끝났다. 심지어 직종을 바꾸는 일도 흔하다. 이전 세대와 달리 일과 삶의 균형이 최우선 순위가 됐다. 장시간 일하는 근무 제도 대신 유연 근무제가 전통적인 근무 방식을 재정의하고 있다.

정신 건강에 관한 대중의 인식이 높아지면서 부정적인 시각으로 바라보던 사회적 낙인도 점차 줄어들고 있다. 이에 따라 정신 건강을 위한 접근성도 향상됐다. 진보적인 가치관을 가진 아일랜드의 젊은 세대가 앞으로 아일랜드 사회를 형성하는 데에 결정적인 역할을 할 것이다.

03

풍습과 전통

아일랜드 국가와 교회의 관계는 역사적으로 복잡하게 얽혀 있다. 1922년 아일랜드가 영국 연방에서 독립하기 전, 교회는 아일랜드의 국가 정체성과 문화유산을 지키는 보호자 역할을 했다. 독립 이후에도 교회의 도덕적 권위를 향한 확신에 찬 오랜 믿음은 새로운 정권이 말하는 '자식처럼 교황에게 충성하고 헌신'하는 마음과 함께 더욱 견고해졌다.

아일랜드 사회는 많은 변화를 겪었지만 지금도 곳곳에 가톨릭 전통이 뚜렷이 남아 있다. 도로변에는 성모상이 놓인 기도처가 있고 일요일 미사에 참석하는 대규모 인원을 수용할 수 있도록 교회 주변에 주차장이 있다. 아일랜드 공화국에서는 운전 중에 교회나 기도처를 지나치면 십자성호를 긋는 사람들도 쉽게 볼 수 있다.

1970년대에는 아일랜드 국민의 90% 이상이 일요일 미사에 참석했다. 2016년에 들어서서 그 수치가 36%로 떨어졌고 이후에도 계속 감소했다. 로마 가톨릭은 현재 신자 수가 가장 많은 종교이지만, 시대가 변하면서 종교 또한 다양해졌다. 지금은 아예 종교가 없는 사람의 비율이 가장 높고 그 증가세도 아주 빠르다.

가톨릭교회와 아일랜드 정부

아일랜드 국가와 교회의 관계는 역사적으로 복잡하게 얽혀 있다. 1922년 아일랜드가 영국 연방에서 독립하기 전 교회는 아일랜드의 국가 정체성과 문화유산을 지키는 보호자 역할을

더블린 시내 중심부에 있는 크라이스트처치 대성당

했다. 독립 이후에도 교회의 도덕적 권위를 향한 확신에 찬 오
랜 믿음은 새로운 정권이 말하는 '자식처럼 교황에게 충성하
고 헌신'하는 마음과 함께 더욱 견고해졌다. 1937년 헌법은 아
일랜드 사회에서 가톨릭교회의 특별한 역할을 인정하고 교회
의 권한을 교육, 의료, 법률 등 광범위한 영역까지 확대했다.

　20세기 후반 사제들과 교구 구성원들이 연루된 여러 성 추
문이 터지면서 교회의 사회 장악력은 치명적인 직격탄을 맞았
다. 광범위하고 조직적인 아동 학대와 이를 은폐하려던 정황
이 드러났으며, 교회 지도층은 신뢰를 잃었다. 정부는 「머피 보

고서」(아일랜드 정부 지시하에 진행된 가톨릭 대교구의 성 학대 스캔들 진상 조사 보고서 - 옮긴이)와 「라이언 보고서」(아동 학대 규모와 실태를 조사하기 위해 정부에서 도입한 조치 - 옮긴이) 등을 도입해 진상 파악에 나섰고, 이후 교회의 부패 실태가 여실히 드러났다. 2011년 당시 총리였던 엔다 케니는 의회에서 다음과 같은 말을 남겼다. "바티칸은 망가지고 단절되었으며 엘리트주의와 나르시시즘이 지배하고 있습니다. 특정 방식의 '도덕성' 유기와 오만함을 더는 좌시하거나 용납하지 않을 것입니다. 오늘날 그 교회는 이제까지 저지르고 행하며 부인했던 끔찍한 잘못에 대해 진심으로 반성하고 참회하는 교회가 되어야 합니다."

새로운 가치관

가톨릭교회 스캔들이 대중에게 공개되기 전부터 아일랜드 사람들은 피임 등 여러 문제와 관련된 교회의 절대적인 가르침에 회의를 느끼기 시작했다. 2015년에는 사람들이 더는 가톨릭교회에 종속적인 믿음을 가지고 있지 않다는 확실한 증거가 등장했다. 전국적으로 실시한 국민투표에서 동성 결혼에 압도적인 찬성표가 나온 것이다. 교회의 가르침에 가장 확실하게 반항하는 결과였다. 이 결과를 보고 당시 더블린 대주교였던 디어뮈드 마틴은 "교회가 현실을 자각해야 한다"라는 말을 남겼다. 대주교의 말이 곧 법이 되는 시대는 지났지만 당시 마틴 주교의 발언은 지금도 큰 울림을 전하고 있다. 예전보다 미사에 참석하는 신도 수는 줄었지만 미사와 고해성사는 여전히 핵심적인 역할을 하고, 사람들의 인생에서 가장 중요한 결혼식과 장례식은 교회 사제가 집전한다. 이 밖에도 사제는 학교 사목 활동을 하고 결혼 준비를 돕거나 수감 중인 죄수를 면회하는 등 잘 알려지지 않은 활동도 한다.

전체적으로 교회를 향한 사람들의 태도 변화는 시골보다 도시에서 훨씬 두드러진다는 점이 중요하다. 2022년 더블린 시민 중 스스로 가톨릭 신자라고 말한 사람은 절반 정도에 불과했지만, 메이요, 티퍼레리, 오펄리, 로스커먼, 골웨이 등 시골 지역에서는 약 80%에 달하는 사람들이 스스로 가톨릭 신자라 답했다. 서유럽 국가 중 아일랜드는 전국적으로 교회에 다니는 사람들 비율이 가장 높은 나라다.

북아일랜드

가장 최근(2021년) 시행한 북아일랜드 인구 조사에 따르면 북아일랜드 인구의 45.7%는 가톨릭, 43.5%는 개신교라고 답했으며 비[非]기독교라고 답한 비율은 1.5%에 불과했다. 일반적으로 북아일랜드에서는 개신교와 가톨릭 신자들의 신앙심이 크게 다르지 않다. 가톨릭과 개신교 신자 46%는 매주 미사와 예배에 참석한다. 북아일랜드 분쟁 당시 양측은 종교적 신념에 따라 나뉘었다. 결과가 좋든 나쁘든 간에 아일랜드 공화주의자와 얼스터 충성주의를 나누는 정체성은 일요일에 어느 교회에서 미사 혹은 예배를 보는지 지금까지 연관되어 있다. 북아일랜드에는 기독교 외에도 소수의 이슬람교, 힌두교, 시크교, 불교, 유대교 신자들이 있다.

아일랜드 성공회

아일랜드 성공회는 독립된 성공회 교회로 아일랜드 공화국과 북아일랜드에서 가장 큰 개신교 교단이다. 헨리 8세는 가톨릭

교회와 결별하고 잉글랜드 국교회 즉 잉글랜드 성공회를 설립했다. 이후 아일랜드 의회가 교황의 권한을 종식할 수 있는 일련의 법안을 통과시키자 헨리 8세는 아일랜드 교회의 수장이 됐다. 초반에는 대주교와 성직자들이 거부하고 나섰지만, 봉건제도 아래 새로운 아일랜드 교회는 왕실에 속해 있었으므로 교구 건물과 토지 소유권을 지킬 수 있었다.

새로운 아일랜드 교회에서 신도들에게 정치적·경제적 혜택을 제공했지만, 아일랜드 사람들은 가톨릭교회를 저버리지 않았다. 12세기에 아일랜드 켈트 기독교가 로만 가톨릭에 자치권을 양도한 이후 대주교와 성직자들도 암묵적으로 동의를 했다. 헨리 8세 서거 이후 즉위한 엘리자베스 1세 시대에 영어로 된 개신교 기도서 초판이 발행되었고, 1550년에 이 초판을 인쇄하기 위해 아일랜드는 인쇄기를 도입했다. 이때 분쟁의 조짐이 나타나기 시작했다. 교회는 라틴 미사를 고수하며 교황 중심의 가톨릭 신자, 즉 교황주의자 측과 지배계층이 주축이 되어 성공회 예배 양식을 수용하는 측으로 분열되어 있었다. 쉽게 말해 대다수 백성이 가톨릭 신도로 남았지만, 교회와 대성당은 성공회 차지였다. 이때부터 가톨릭의 야외 미사 전통이 시작됐다.

1690년 가톨릭 군주 제임스 2세를 지지하던 아일랜드 병력이 윌리엄 3세에게 패배하자 영국 연방 통치자들은 탄압을 시작했다. 아일랜드 형법을 도입해 북아일랜드의 가톨릭 신자와 개신교 신자를 억압했다. 1829년 로마 가톨릭 구제법이 통과되기 전까지는 가톨릭 대주교와 주교는 공식적으로 인정을 받지 못했다.

그 이후부터 아일랜드에는 로마 가톨릭과 성공회 두 교파

• 에큐메니즘(교회 일치 운동) •

아일랜드 가톨릭과 성공회의 관계는 1921년 독립 이후 대체로 상호 우호적이다. 두 교파의 대주교는 북아일랜드 지역 아마 주에 본부를 두고 서로 연락을 취하고 종파에 대한 적개심에 맞서기 위해 텔레비전에 함께 출연해 연대 의식을 보여주기도 한다. 각 교구는 세계 교회 간 통합을 목표로 하는 가톨릭 주교단 자문위원회 회원을 교회 일치 운동 담당자로 두고 있다. 1968년 처음 교회일치 운동 담당자가 임명되었고 지난 40년 동안 아일랜드에서 괄목할 만한 성과를 거두었다. 특히 여러 기독교 종파가 자선 활동을 비롯한 여러 사회 활동에서 협력하는 데 많은 진전이 있었다.

의 주교가 있다. 교회는 아일랜드 공화국과 북아일랜드 국경을 인정하지 않으므로 양측 모두 국경에 영향을 받지 않는 교구를 가지고 있다.

2013년 팻 스토리[Pat Storey]는 아일랜드 공화국에 임명되면서 최초의 여성 성공회 주교가 됐다. 아일랜드 공화국과 북아일랜드에 약 34만 3천 명의 성공회 신도가 있는데, 다른 교파와 마찬가지로 최근 신도 수가 줄어들고 있다.

• 대니 보이 •

아일랜드 공화국 코크 주의 주교 존경받는 다니엘 코할란은 '대니 보이'라는 애정 어린 별명으로 통했다. 코할란 주교의 마지막 병상 이야기가 지금도 전해진다. 코크 주의 젊은 개신교 주교가 90대인 코할란 주교보다 먼저 세상을 떠났다. 어느 몬시뇰(천주교에서 교황의 명예 전속 사제로 지정된 성직자에 대한 경의의 표현-옮긴이)이 코할란에게 젊은 주교의 부고를 전하고 옆에 서서 개신교 참사회에 전할 위로의 말을 기다리고 있었다. 오랜 침묵이 흘렀다. 한참 후 대니 보이는 한쪽 눈을 뜨고는 몬시뇰을 바라보며 말했다. "이제 코크의 주교가 누구인지 알겠지!"

장로교

17세기 스코틀랜드 이주민들이 아일랜드에 정착하면서 장로교도 같이 전파됐다. 스코틀랜드 교회와 마찬가지로 아일랜드 장로교도 주교가 없는 대신 선출된 교회 장로들이 각 교회를 운영한다. 아일랜드 장로교회는 각각 교회의 장로단으로 구성되어 있으며, 이 장로단에서 목사 안수를 한다. 목사와 장로는 자신이 속한 교회를 대표해 노회와 공의회에 참석한다. 매년 열리는 총회는 아일랜드 전역의 534개 교회를 대표하고 전체적인 운영이 이루어진다. 총회의 대표는 총회장으로 임기는 단 1년이다. 2024년 기준으로 아일랜드 장로회 교회의 신도는 약

· 무슨 옷을 입을까 ·

모든 교회에서 방문객을 적극적으로 환영한다. 이제는 반드시 예배용 정장을 입어야 하는 분위기도 아니고 전반적으로 편하게 입는 편이다. 복장이 신경 쓰인다면 남자는 재킷과 넥타이를 갖춰 입고 여자도 여기에 맞춘 옷차림이라면 무난하게 넘어갈 수 있다.

21만 명으로 이 중에서 약 96%는 북아일랜드에 거주한다.

감리교와 기타 종교

현재 아일랜드 전역에 200개 이상의 감리교 교회가 있으며 신도는 약 5만 명 정도다. 아일랜드 감리교는 북아일랜드 분쟁 당시 평화 실현에 적극적으로 나선 공로를 인정받았다. 침례교회, 회중교회, 유니테리언 교회, 여러 다양한 교파(주로 북아일랜드)의 신자는 약 23만 명에 달한다.

가장 최근인 2022년에 시행한 아일랜드 인구 조사에 따르면 아일랜드 공화국 내 이슬람교도 인구는 8만 1,930명으로 증가했지만, 유대인 인구는 감소했다. 인구 조사에서 집계된 아일랜드 내 유대인 인구는 800명에 불과했다. 유대교 회당인 시나고그도 더블린과 벨파스트에 각각 하나씩 총 2개밖에 남지 않았다. 북아일랜드의 이러한 공동체는 규모가 훨씬 작지만, 더블린처럼 벨파스트에도 모스크(이슬람교의 예배 장소 - 옮긴이), 시나고그, 구르드와라(시크교 예배 장소 - 옮긴이), 힌두교 사원 등이 있다.

• 무슨 옷을 입을까 •

아일랜드에는 150여 개가 넘는 종교 수도회가 있다. 대표적으로 카르멜라이트, 성신회, 아우구스티누스 수도회, 카푸친 작은형제회, 도미니코 수도회, 마리스타 수도회, 오블라티 선교 수도회, 패셔니스트 수도회, 프란치스코회, 예수회, 빈첸시오회 등을 들 수 있다. 종교 수도회는 아일랜드 사람들의 정신세계에 특별한 위치에 있다. 대부분 수녀, 기독교 형제회, 예수회를 비롯한 종교 수도회에서 운영하는 학교에 다녔기 때문이다.

종교 수도회가 교육이나 의료 서비스를 포함한 여러 분야에서 활동하고 있지만 최근 신자가 줄어들면서 수도회의 영향력도 함께 감소했다. 21세기 초에는 아일랜드 전역에 봉쇄 수녀원과 세속 수녀원에[봉쇄 수녀원(nuns)은 세속과 거의 접촉을 하지 않고 수도서원 서약 후 기도와 묵상에 집중하는 생활을 하고, 세속 수녀원(sisters)은 사회 안에서 봉사하는 활동 수도자들이다 - 옮긴이] 속한 9,031명의 수녀가 있었지만, 지난 20년 동안 4,494명으로 감소했다.

아일랜드 성인

아일랜드에는 성인이 많다. 아일랜드 기독교 초창기의 역사적 인물들, 신성한 힘을 이용해 괴물을 무찌르고 병을 치료하거나 배고픈 사람들에게 먹을 것을 주는 등 기적을 행하는 인물들 모두 성인으로 남았다. 모든 사람에게 사랑받을 만한 매력을 가지고 있으며 국민적인 인지도를 갖고 있다.

【 성 패트릭 】

성 패트릭은 가장 유명한 아일랜드 성인으로 아일랜드의 수호성인이며 사도로, 5세기에 아일랜드가 로마식 기독교가 아닌 켈트식 기독교로 개종하는 데 관여했다. 영국에서 태어난 성 패트릭은 16세에 아일랜드 해적에게 납치되어 영국을 떠나 아일랜드에서 양치기 노예로 살았다. 이 시간을 보내며 하느님을 더욱 알게 되었고 결국 기독교로 개종했다. 성 패트릭은 노예 생활을 벗어나 영국으로 돌아가라는 계시를 받았다고 한다. 결국 탈출에 성공해 사제가 되기 위해 교육을 받았다. 꿈에서 아일랜드로 가라는 부름을 받고 선교사로서 돌아가기로 마음을 먹었다.

전설에 따르면 성 패트릭은 432년 스트랭포드호 북부 지역에 배를 정박하고 급히 타라의 아일랜드 대왕에게 향했다. 그곳에서 드루이드(고대 켈트족 사회에서 종교·학문적 지식 계층 - 옮긴이)보다 더 인상적인 기적을 행하면서 왕실 가족을 설득했다고 전

더블린에서 성 패트릭의 날 퍼레이드에 참여한 밴드 멤버들

해진다.

성 패트릭이 현지 주민들에게 토끼풀^{sharmrock}로 삼위일체(성부와 성자와 성령) 개념을 설명한 것을 계기로, 토끼풀은 아일랜드의 상징이 됐다. 이 밖에도 이교도 신앙에 맞서 아일랜드에 기독교가 뿌리를 내릴 수 있도록 노력을 아끼지 않았다.

성 패트릭은 460년에 사망할 무렵까지 아일랜드 대다수 국민이 기독교를 믿도록 만들었다.

성 패트릭이 아마 주에서 말년을 보냈기에 이곳에는 가톨릭과 개신교 대주교가 모두 있다. 성 패트릭이 어디에서 영면에 들었는지에 대해 『아마의 서』에서는 "성 패트릭이 어디서 눈을 감았는지 아무도 모른다"라고 기록되어 있지만, 다운 주의 다운패트릭으로 유해를 옮겨 다운 대성당 경내에 안치했다고 전해진다.

• 성 패트릭의 날 •

3월 17일 성 패트릭의 날은 성 패트릭의 죽음을 기리는 기독교 축일이다. 아일랜드 전역의 도시와 시내 곳곳에서 열리는 활기찬 축제 행렬이 가장 볼거리다. 가장 화려한 행렬은 더블린에서 열리며 전 국민이 즐길 수 있도록 국영 TV에서 생중계한다. 성 패트릭의 축제에 직접 참여하거나 구경을 하기 위해 전 세계 사람들이 아일랜드를 방문한다. 1990년대 후반 아일랜드가 성 패트릭의 날을 국가 축제로 지정한 이후, 미국인들의 화려하고 떠들썩한 방식 일부가 아일랜드로 들어왔다. 그렇다고 해서 미국 방식인 녹색 맥주나 모르는 사람들끼리 "난 아일랜드 사람이야, 나랑 키스해"라는 말을 하는 등의 활기는 아일랜드에서 기대할 수 없다. 친구들과 시간을 보내거나 클럽에 가는 게 더 아일랜드 방식이다. 성 패트릭의 날은 대부분 출근을 하지 않으므로 아일랜드 사람들은 관광객이 별로 없는 전날 저녁 시간대에 펍에 가고 축제 당일은 전날의 피로를 풀기 위해 휴식을 취한다.

【 성 브리지드 】

성 브리지드는 아일랜드에서 성 패트릭 다음으로 인기가 많은 수호성인이다. 농장과 가축을 지키는 수호성인 성 브리지드는 고대 대지의 여신으로서 면모를 갖추고 있다. 마침 성 브리지드의 축일이 2월 1일이다. 이날은 봄의 시작을 알리는 켈트족 이교도 축제인 임볼크^{Imbolc}가 열리는 날이기도 하다. 흔히들 성 브리지드는 기독교가 아일랜드 고대 켈트 전통을 대체한 게 아니라 오히려 전통문화를 더 풍요롭게 만들었음을 상징하는 인물이라고 말한다. 2023년 성 브리지드의 날이 공휴일로 지정되었으며 여성의 이름을 딴 아일랜드 최초의 공휴일이 됐다.

성 브리지드는 450년경 라우스 주에서 태어나 수녀가 된 후 많은 기적을 행했다고 전해진다. 성 브리지드와 관련된 재미있는 일화가 있다. 수녀원에서 금으로 만든 십자가가 도난당하자 성 브리지드가 갈대를 엮어 금 십자가만큼 성스럽지만, 값

어치는 떨어지는 십자가를 만들었다고 한다. 다른 기록에서는 성 브리지드가 엄마의 버터를 전부 기부한 적이 있었는데, 브리지드의 기도에 응답해 다시 버터가 채워졌다고 한다. 성 브리지드 축일 전날 사람들은 브리지드의 이름을 기리기 위해 십자가를 만든다. 한때 브리지드의 십자가는 아일랜드 공영 방송국을 상징하기도 했다. 물론 아일랜드 공영 방송이 브리지드가 서둘러 만든 갈대 십자가처럼 의미는 있지만 쓸모없다는 뜻은 아니다.

【 성 브렌던 】

항해의 성인 브렌던은 484년 경 케리 주에서 태어났다. 성 브렌던의 생애에서 널리 알려진 일화 중 하나는 바다를 항해한 그의 여정으로 흔히 '성 브렌던의 항해'라고도 한다. 브렌던은 수도사들과 함께 '축복의 섬'을 찾기 위해 아일랜드 전통 배를 타고 바다를 항해했다. 성 브렌던은 7년 동안 항해를 하면서 신비한 섬과 환상적인 존재를 마주하고 여러 위협을 겪었다고 한다. 브렌던과 수도사들이 항해하면서 아이슬란드와 북아메리카까지 갔다고 말하는 사람들도 있다. 성 브렌던 일행은 마침내 '성인들을 위한 약속의 땅'에 도착해 환영받았지만, 잠시 머문 후에 떠나야 했다. 일행을 그곳에서 본 광경에 감동하여 부푼 마음을 안고 아일랜드로 돌아갔다. 성 브렌던은 모험과 뛰어난 항해사라는 명성을 얻어 선원과 여행자의 수호성인이 되었으며, 그의 정신적인 가르침 덕분에 아일랜드에서 존경받는 인물로 추앙받고 있다.

【성 콜룸바】

성 콜룸바는 흔히 콜룸의 교회를 뜻하는 콜룸킬이라는 이름으로 더 익숙하다. 성 콜룸바는 현재 스코틀랜드 지역에 기독교를 개척한 아일랜드 출신의 복음 전파자이다. 수도원을 창설했으며 548년에는 화려한 장식 필사본으로 유명한 더로우 수도원을 건립했다. 3천 명의 사망자를 낸 쿨 드라이네 전투가 발발한 데 일조한 후, 콜룸바는 참회의 의미로 스코틀랜드로 떠났다. 스코틀랜드 서부 해안에 있는 이오나 섬에 수도원을 세우고, 그 섬의 이름을 따라 이오나 수도원이라고 이름을 붙였다. 이곳에서 성 콜룸바가 십자가 표징으로 네스 호 괴물을 물리쳤다는 일화가 유명하다. 이오나 수도원은 필사본 제작 등 교육과 종교 활동의 중요한 중심지가 되어, 이 지역 전체에 기독교를 전파하고 세월과 함께 사장될 수 있었던 고대 지식과 문화를 보존하는 데 중요한 역할을 했다.

순례 성지

아일랜드의 순례 성지에는 수 세기 동안 순례자들의 발길이 이어져 오고 있으며, 오늘날까지 영적 묵상과 신앙의 장소로 명맥을 이어가고 있다. 수호성인의 축일이 되면, 순례자들은 수호성인을 기리는 성스러운 우물을 방문하여 성인에게 성스러운 기도를 올린다. 존 밀링턴 싱의 희곡 『The Well of the Saints(성자들의 우물)』에서는 어느 부부가 우물에서 물을 마시고 실명이 회복하는데 상상했던 것과 달리 세상은 추하고 더러운 세상에 실망하고 괴로워한다.

7월 마지막 주 월요일이면 수천 명의 순례자가 성 패트릭을 기리기 위해 메이요 주에 있는 크로이 패트릭 산에 오른다. 성 패트릭이 크로이 패트릭 산에서 아일랜드에 있는 뱀을 모조리 쫓아냈다는 일화가 전해지는데, 순례자들은 이곳 정상에 있는 예배당에서 미사를 지낸다. 참회의 의미로 맨발로 산에 오르는 순례자들도 있다. 성 패트릭이 연옥을 보았다는 도네갈 주

더그 호에 있는 성 패트릭 성지

의 더그 호는 현재 사람들이 사흘간 전통적 의미의 순례 여정에 참가하기 위해 찾는 장소다. 더그 호 순례 여정에는 기도, 하루 한 끼 정도 간단한 식사만 하는 금식, 맨발 걷기, 24시간 밤샘 기도가 포함되어 있다. 순례 여정에 참가한 사람들은 순례를 통해 자신도 몰랐던 강점을 찾고, 인생에 진정으로 중요한 것이 무엇인지 재발견할 수 있었다고 말한다.

1879년 메이요 주의 노크 마을에서는 신비로운 성현의 모습을 보았다는 일이 있었다. 성현이 등장한 그해에 15명의 목격자가 아일랜드 조사위원회에 성현의 모습이 2시간 동안 계속되었다는 증언을 남겼다. 물론 성현의 출현보다 더 대단한 기적은 작은 마을의 교구 신부가 2만 명을 수용할 수 있는 대형 교회를 짓고, 당국을 설득해 그곳에 국제공항까지 건설한 일이다.

2023년 미국 대통령 최초로 조 바이든 대통령이 노크 대성당을 방문했다.

죽음

죽음을 대하는 아일랜드 사람들의 태도는 영국 사람들과 상당히 다르다. 아일랜드 사람들은 애써 애도하는 마음을 누르지 않고 감정을 드러내는 걸 당연하게 생각한다. 사회생활의 지인을 비롯해 친분이 있는 사람들끼리는 최근 상을 치른 사람을 위로하고 깊이 공감하는 게 당연하다.

일상에서 장례식은 중요한 부분이다. 유가족은 장례식 조문객에게 음식과 술을 대접하고 조문객들은 떠난 사람을 추모하며 함께 술을 마신다. 과거에는 '망자를 깨우는 일'이라는 관습이 있었다. 시신을 집에 두고 관을 둘러싸고 앉아 술을 마시며 담소를 나누며 추억을 회상하는 시간을 보냈다. 제임스 조이스의 소설 가운데 어렵기로 악명 높은 『피네간의 경야』의 제목은 이런 관습에 관한 코믹한 노래 제목에서 따온 것이다.

'미국행 사별'이라는 말이 있다. 과거 아일랜드 사람들이 미국에 이민을 떠날 때 살아생전 친지와 친구를 다시 볼 기회가 없었다. '미국행 사별'은 미국으로 떠나는 사람을 위해 음식과 술을 마시며 크라익^{craic}(좋은 시간을 의미하는 아일랜드 속어)을 보내는 파티였다.

게일어

2000년 전 서유럽의 많은 지역들이 켈트어족에 속하는 언어를 사용했다. 아일랜드의 게일어는 현재 사용하는 켈트어족의 언어 중 가장 오래된 언어로 4세기경에 쓰인 게일어 기록이 존재한다. 스코틀랜드 게일어, 웨일스어, 브르타뉴어 등 다른 켈트어족 언어와 마찬가지로 게일어는 현대 영어 구사자에게는 낯설게 느껴지는 특징을 가지고 있다. 이는 현재 아일랜드 사람들의 영어 구사 방식의 많은 부분을 설명해준다. "방금 접시를 깼다 _I'm after breaking a plate_ . 나는 여기 자주 온다 _I do be coming here often_ ." 이런 식의 아일랜드 영어를 들어본 적이 있을 것이다(아일랜드 영어에서는 "after + ~ing"를 써서 최근 발생한 일을 강조하고, 자주 반복되는 행동은 "do be + 동사~ing를 써서 표현한다 – 옮긴이). 이런 문장 구조는 게일어에서 비롯됐다. 게일어는 단어의 어미가 아닌 어간에서 어형 변화가 일어난다. 예를 들어 게일어 단어 bad는 영어의 boat를 의미한다. 게일어로 남성형은 bad이고 bard로 발음하지만, 여성형은 bhad이고 vard로 발음한다. 3인칭 복수는 mbad로 쓰고 mard라고 발음한다.

게일어는 중세 시대에 널리 쓰였고 지배계급과 교회의 언어였지만, 12세기 후반 노르만족이 침입하면서 상황은 바뀌었다. 지배계층의 언어는 영어로 바뀌었다.

이후 수 세기 동안, 특히 아일랜드가 영국 연방의 지배를 받던 1600년대에 게일어 사용이 금지됐다. 아일랜드가 식민 지배를 받던 시절, 잉글랜드 정부에서는 아일랜드 국민을 '영국화'하는 정책을 시행했다. 아일랜드 학교와 정부에서는 게일어를 사용하지 못하고 했고, 공공장소에서 게일어를 사용하는 사람에게는 거액의 벌금을 물렸다.

게일어 문자 체계는 6세기에 라틴 문자에서 발전했으며 알

프스산맥 북쪽 지역의 유럽 언어 중 가장 오래된 언어로 방대한 문헌 기록을 보유하고 있다. 게일어로 기록을 남기기 전에는 음유시인들이 수천 줄의 시를 암기하는 혹독한 훈련을 받았다.

영국 연방이 게일어를 사용하지 못하도록 억압하던 시간 동안, 아일랜드 전역에 흩어진 '비밀 학교'에서 몰래 게일어를 교육했다. 19세기 초를 배경으로 하는 브라이언 프리엘 연극 「번역Translations」에서는 이런 비밀 학교에 관해 이야기한다. 최초의 영국 지리원이 아일랜드에 도착해 지도를 제작할 때, 현지 아일랜드 사람들을 통해 아일랜드 이름을 확인한 후 오늘날 쓰이는 이름으로 '영국화' 됐다.

【 게일어 부흥 운동 】

영국 연방의 지배를 받던 시절 게일어 사용을 엄격히 금지했지만, 게일어는 현대에도 통용되는 언어로 살아남았다. 19세기 후반 게일어 부흥 운동을 통해 아일랜드 게일어에 관한 관심이 다시 일어나기 시작했다. 게일어 부흥 운동은 게일어 학교와 문화 단체를 설립하고 게일어로 된 새로운 문학, 시, 연극을 창작하는 데 크게 기여했다.

현재 100만 명 정도가 일상에서 게일어를 사용하는데 대다수는 서부 게일터흐트 지역에 거주하고 북아일랜드 지역에도 소수의 사람이 게일어를 사용한다. 의무 교육과 대학에서도 게일어를 교육하고 있으며 아일랜드 정부의 지원을 받아 교육을 확대하고 있다. 게일어를 유창하게 구사하는 사람은 적지만, 아일랜드 주요 도시에 거주하는 사람을 포함해 많은 사람이 게일어를 유창하게 구사한다고 자랑한다. 설사 구사력이 부족할지언정 대부분 게일어를 향한 애착이 크고 일상 대화에서 익숙한 게일어 단어와 문구를 섞어서 사용하기도 한다.

• 지역에 따른 다양성 •

게일어를 유창하게 구사하는 사람 수가 비교적 적기는 하지만, 게일어에도 특색이 분명한 방언이 있다. 코네마라 출신의 게일어가 모국어인 사람을 만난 적이 있는데, 얼스터 라디오에서 얼스터 게일어를 듣고 외국어인 줄 알았다고 한다. 현재 뮌스터, 코노트, 얼스터, 세 개의 게일어 방언이 있으며 각각의 방언에는 나름의 독특한 억양과 어휘가 있다. 요즘 게일터흐트 외곽의 주요 도시에서 사용되는 게일어가 새로운 방언으로 추가됐다.

게일어를 구사하는 외국인에 대한 기대가 전혀 없으므로 조금이라도 노력하는 모습을 보여준다면 시도조차 하지 않는 외국인보다 호감을 쌓을 수 있다. 게일어가 전설적인 문학 전통의 보고寶庫라고 인식하고 있다면, 더욱 긍정적인 이미지를 줄 수 있다.

신화

그리스 사람들이 그리스 신화를 친숙하게 느끼고 자랑스러워하듯이, 아일랜드 사람들도 마찬가지다. 아일랜드 신화는 방대하고 풍부한 전승을 이어가고 있을 뿐 아니라 다양한 설화, 전설, 민간 신앙들이 문화적·정신적으로 아일랜드에 어느 정도 영향을 주고 있다.

기원전 3세기경에 쓰인 이야기가 음유시인을 통해 세대를 걸쳐 전승되었고 7세기 이후에는 수도사들의 기록을 통해 전해졌다. 20세기 초 희곡작가 레이디 그레고리가 재해석한 여러 신화는 동시대 아일랜드 작가들, 특히 존 밀링턴 싱과 예이츠에게 많은 영감을 주었으며 아일랜드의 정체성과 문화유산을 재발견하는 데 핵심적인 역할을 했다.

아일랜드 신화의 중심에는 '투어허 데 다넌(다누 여신의 일족)'과 같은 신들이 있다. 이들은 인간이 등장하기 전부터 아일랜드 땅에 살고 있었으며 마법을 지닌 종족으로 등장한다. 켈트 신화에서 저승을 의미하는 '티르 너 노그'는 아일랜드 신화에 자주 등장하는데, 이곳은 낙원의 섬이자 변치 않는 젊음, 건강, 풍요, 기쁨이 있는 초자연적 장소로 묘사된다. 다른 세상으로 통하는 문이라고 하는 스톤 서클stone circle에 있는 고대 고분과 같이 신성한 장소는 한때 고대 신들이 살던 장소라고 생각한다. 아일랜드 신화는 오늘날에도 문학, 예술, 땅에 대한 유대감 등에 영감을 불어넣고 있다.

【 전설 대계 】

아일랜드 신화를 구성하는 전설은 총 네 개의 대계cycle로 구성되어 있는데, 그중 가장 초창기가 바로 '신화 대계'다. 중심서는 『에린 침략의 서』로 아일랜드의 기원과 특별한 신들에 관해 요약된 편집본이다.

원본은 더 방대한 내용을 담고 있었지만, 바이킹의 습격을 받아 소실됐다. 『에린 침략의 서』에서는 카사르, 파르홀론, 네

메드, 피르 볼그, 투어허 데 다넌, 밀레시안, 이 각기 다른 여섯 종족이 어떻게 순차적으로 아일랜드에 정착했는지 자세히 다룬다. 처음 네 종족은 전멸하거나 아일랜드에서 쫓겨났고, 다섯 번째 종족 투어허 데 다넌은 아일랜드 이교도의 신을 상징하며, 마지막 밀레시안이 오늘날 아일랜드 사람들의 조상이라고 한다. 신화 대계는 네 개의 대계 중 가장 오래되어 보존 상태도 가장 열악하다.

가장 유명한 '얼스터 대계'는 기원전 3세기와 1세기 사이에 시작되었으며, 얼스터의 추방된 왕인 페르구스 막 로크, 자부심 강하며 쿨리의 가축 습격 당시 뛰어난 계약을 보인 메이브 여왕 등 유명한 인물들이 등장한다.

코노트의 메이브 여왕과 남편 알릴 막 마타 왕이 서로의 재산을 비교한다. 메이브 여왕은 남편의 하얀 황소를 보고 남편이 자신보다 재산이 많다고 지레짐작하고는 질투에 사로잡힌다. 메이브 여왕은 대지와 황소 50마리를 대가로 쿨리의 갈색 황소를 1년간 빌린다. 다러 막 피어흐너는 메이브 여왕에게 황소를 빌려주기 직전, 여왕이 황소를 빌리지 못하면 강제로 뺏으려 했다는 사실을 엿듣게 된다. 피어흐너가 메이브 여왕에게 대항해 황소를 빌려주지 않자 쿨리의 가축 습격이 시작된 마법의 가마솥, 마법의 창을 가진 신과 같은 민족과 은으로 된 손을 가진 왕이 피르 볼그를 몰아냈다. 이들은 붉은 머리카락과 녹색 눈을 가진 투어허 데 다넌으로, 이들이 드루이드 신앙의 기원을 시작한 존재라고 알려져 있다. 이들은 신비한 힘을 가지고 있다. 최근까지도 어부들은 길에서 붉은 머리카락을 가진 사람을 보면 바다에 나가지 않았다. 투어허 데 다넌은 마법을 부리는 힘이 있었지만, 결국 '용맹하고 능변가며 호탕하고 호전적인 갈색 머리에 밝은 눈을 가진 문무를 겸비한 밀레시안', 즉 게일인에게 패배하고 말았다. 투어허 데 다넌은 지하로 쫓겨나 오직 밤에만 밖으로 나올 수 있었다. 아일랜드에는 철기 시대 고분이 많은데, 사람들은 이 무덤들이 게일인들에게 패배한 마법사들이 살았던 흔적이라고 생각한다.

다. 메이브 여왕의 서사시와 여러 이야기는 전사와 지배자, 사회에 담긴 영웅주의, 명예, 복잡한 관계에 관해 탐구한다.

　'피니언 대계'는 기원전 300년경에 제작되었으며, 핀 막 쿨이 이끄는 전설 속 전사 부대인 '피어너'의 모험을 다룬다. 가장 잘 알려진 피니언 대계의 전설은 '지식의 연어'다. 핀 막 쿨은 젊은 시절 스승과 함께 살고 있었는데, 그의 스승 피네가스는 몇 년 동안 지식의 연어를 찾아 헤맸다. '지식의 연어'는 마법의 물고기로 세상의 모든 지식을 담고 있어서, 누구든 이 연어를 먹으면 지식을 모두 얻을 수 있다고 믿었다. 피네가스는 마침내 지식의 연어를 잡아 핀 막 쿨에게 연어를 요리하게 시키는데, 절대 먹어서는 안 된다고 신신당부한다.

핀 막 쿨은 연어를 뒤집어가며 요리하다가 익었는지 확인하려고 엄지손가락으로 연어를 만져보다가 그만 손가락을 데고 만다. 손가락에 화상을 입은 핀 막 쿨은 고통을 참기 위해 손가락을 입에 가져다 댄다. 잠에서 깬 스승 피네가스는 핀 막 쿨의 눈을 보고는 그가 마법 연어의 지식을 얻었다는 걸 알게 된다. 피네가스는 연어의 지식을 갖지 못해 아쉬웠지만, 핀 막 쿨을 축하해주며 모든 지혜를 가지고 세상의 훌륭한 지도자가 되라고 격려한다.

마지막 '역사 대계'는 실존 인물의 전설적인 이야기를 다루며 기독교적인 색채를 짙게 담고 있다. 역사 대계의 이야기는 초자연적인 설화보다는 사실에 가까운 내용이 많으며 왕권과 관련된 기록이 주를 이룬다. 역사 대계에 속하는 클론타프 전투에서는 브리안 보루 대왕이 군대를 이끌고 바이킹을 무찌른

후 아일랜드에서 몰아낸 이야기를 담고 있다. 브리안 보루 대왕은 전장에서 장렬히 전사했지만 모든 역경을 물리치고 승리를 거머쥐었다.

요정 설화

아일랜드의 요정 설화는 널리 알려져 있으며 그중 상당 부분이 기독교 이전의 전통에 기반을 두고 있다. 아일랜드에서 요정은 '신비로운 언덕의 사람들'이라는 뜻의 'aos sí'로 알려져 있다. 신화 대계의 기록에 따르면 투어허 데 다넌은 밀레시안에게 패배한 후 인간들의 눈을 피해 지하 세계로 가서 신비로운 언덕의 사람이 된 후 티르 너 노그, 즉 영원한 젊음의 세계에서 산다. 이후 투어허 데 다넌도 아일랜드 사람들이 (절대 작지 않고 꽤 큰 키를 자랑하는) 요정이라고 부르는 '언덕의 사람'이 된다. 투어허 데 다넌은 신, 여신, 또는 넓은 의미로 초자연적인 존재로 불리는데, 원한이 가득한 이 통치자들은 요정이라는 이름처럼 매력적인 존재가 아니다.

밴시(요정 언덕의 여자)는 죽음을 예고하는 여자 요정으로 밤이 되면 시골길을 돌아다닌다. 누구든 밴시의 통곡 소리를 듣는 사람은 죽음을 맞이한다.

푸카는 겉모습을 바꿀 수 있는 말썽꾸러기다. 가끔 흐드러진 갈기와 불타는 눈을 가진 검은 말로 변신해 밤이 되면 말을 탄 (대부분 술에 잔뜩 취해 인사불성인) 사람을 태우고 거칠게 내달린다. 다운 주에서 푸카는 고블린의 모습이고 로스커먼 주에서는 검은 염소, 워터퍼드와 웩스퍼드에서는 큰 날개를 가진 독수리의 모습으로 나타난다.

레프러콘은 무리를 이루지 않고 혼자 지낸다. 레프러콘이 아일랜드 요정을 대표한다 해도 아무도 이견이 없을 것이다. 레프러콘은 브로그(아일랜드와 스코틀랜드에서 신던 실용적이고 튼튼한 신발-옮긴이)를 수선하고 신발을 만드는 요정으로, 줄마다 단추가 일곱 개나 달린 빨간 코트를 입고 항상 술에 취한 상태다. 1888년 기록에 따르면 레프러콘은 사실 신발을 고치는 요정이 아니라 워낙 여기저기 뛰어다니다 보니 신발이 망가져 고치는 모습을 들키고 말았다고 한다. 이때 인간이 신발을 고치는 데 정신이 팔린 레프러콘을 납치해 금괴를 주기 전까지 놔주지 않았다. 아일랜드 사람들 사이에서 레프러콘 관련 농담은 싫증 난다는 인식이 있으니 피하는 게 좋다.

메로우는 빨간 모자를 쓰고 바다 밑에 산다. 몇몇 가문에서는 메로우를 조상으로 모시지만, 일부 지역의 어부들에게 메로우는 죽음의 전령이다.

아일랜드에는 이 밖에도 재미있는 요정 설화가 많다. 리르의 아이들은 900년 동안 낮에는 백조로 살아야 하는 운명으로 오직 보름달이 환하게 비추는 밤에만 인간의 모습을 할 수 있었다고 한다. 아일랜드에 기독교가 유입되자 비로소 리르의 아이들에게 걸린 마법의 주문이 풀렸다.

머리 없는 기수로 알려진 둘라한은 해가 지면 말을 타고 마

킬라니 주의 운전자 주의 표지판

을과 시내를 돌아다닌다. 어둠이 내리면 사람들은 둘라한을 피해 집안에 커튼을 내린다. 둘라한을 보면 그 자리에서 시력을 잃기 때문이다. 어둠 속을 돌아다니는 둘라한이 하는 말은 단 한마디뿐이었는데, 그것은 바로 목숨을 빼앗을 사람의 이름이다. 둘라한이 이름을 말하면 그 사람의 영혼은 죽음의 부름을 받고, 이 부름을 절대 거역할 수 없다. 레아난 시데라는 사랑의 요정도 빼놓을 수 없다.

레아난 시데는 인간에게 사랑을 갈구하는 요정으로 사랑을 거절당하면 그 사람의 노예가 된다. 반대로 레아난의 사랑을 받아주면 그 사람이 레아난의 노예가 된다. 레아난의 노예가 될 다른 사람을 찾지 못하면 결국 사랑의 노예가 되어 죽고 만다.

04

친구 사귀기

아일랜드 사람과 첫 만남에서는 가볍게 악수로 인사를 한다. 두 번째 만났을 때는 악수를 하거나 가볍게 눈인사를 하고 혹은 포옹을 한다. 상황에 따라 이런 인사법을 섞어서 해도 괜찮다. 여성의 뺨에 가볍게 뽀뽀를 하는 유럽식 인사는 이제 유행이 지났다. 친한 사이에서는 격식을 차리지 않고 편하게 대한다.

사람들과 어울리기

다정하고 친절하기로 유명한 아일랜드 사람들은 새로운 사람을 사귀는 데도 개방적이다. 아일랜드만의 독특한 매력이 있긴 하지만, 중요한 건 아일랜드 사람들의 삶도 다른 나라 사람들처럼 크게 다르지 않다. 다른 영어권 국가와 마찬가지로 아일랜드 젊은이들도 대부분 대학에 진학하고 요즘에는 농사를 짓는 사람보다 컴퓨터 앞에 앉아서 일하는 사람이 더 많다. 아일랜드 인구 64%는 시내와 도시에 거주한다. 다른 나라와 비슷한 수준의 재화를 구매하고 서비스를 이용하며 똑같이 패스트푸드를 먹고 전 세계 사람들이 즐기는 영화와 텔레비전 프로그램을 시청한다.

다른 나라와 크게 다를 건 없지만, 아일랜드 사람들은 친절하기로 정평이 나 있어 마음을 열고 다가간다면 즐겁게 친해질 수 있다. 대화를 나눌 때 미소를 짓고 눈을 맞추고 진심이 담긴 관심을 보여준다면 아일랜드 사람과 금방 친해져 깊은 우정을 쌓을 수 있다. 현지에서 추천할 만한 곳을 묻는다든지 펍이나 카페에서 가벼운 대화를 하든, 아일랜드 사람들은 항상 기꺼이 대화에 응하기 때문에 전혀 겁낼 필요 없다. 어떤 주제로 대화를 시작해야 할지 막막하다면 아일랜드 사람들이 가장 좋아하는 일상 주제인 날씨 얘기로 대화의 물꼬를 터보아라.

만남과 인사

아일랜드 사람과 첫 만남에서는 가볍게 악수로 인사를 한다. 두 번째 만났을 때는 악수를 하거나 가볍게 눈인사하고 혹은 포옹을 한다. 상황에 따라 이런 인사법을 섞어서 해도 괜찮다. 여성의 뺨에 가볍게 뽀뽀하는 유럽식 인사는 이제 유행이 지났다. 친한 사이에서는 격식을 차리지 않고 편하게 대한다. 감정을 내보이지 않는 북유럽보다는 미국이나 호주와 더 비슷한 면이 많다.

아일랜드 사람들은 친절하기로 정평이 나 있지만, 사적인 거리를 중요하게 여긴다. 대화를 나눌 때는 적당한 거리를 유지하고 불필요한 만남은 삼가는 게 좋다. 대학교수나 의사처럼 권위가 있는 사람들조차 이름을 부르는 것을 선호한다. "부탁드려요", "고맙습니다" 같은 인사말을 하는 게 일반적이고 당연한 예이다. 아일랜드는 워낙 다양한 나라이기에 지역과 사람마다 관습이 다를 수 있다는 점을 기억해야 한다. 주변 사람을 관찰하면 내향적 혹은 외향적, 어느 쪽으로 행동하는 게 맞는지 알 수 있다.

격식을 차리고 거리를 두지 않는다면 농담과 상상력을 가미한 전형적인 아일랜드식 속사포 대화에 빠져들게 된다. 때로는 대화의 중심이 되어 가벼운 놀림을 받을 수 있다는 것도 염두에 두어야 한다.

일상

아일랜드 도시와 시골에 있는 주택과 아파트는 대부분 최신식이며 현대적이다. 요즘 사람들은 웅장한 저택과 소박한 오두막에 살지 않는다. 더블린에 남아 있는 테라스를 갖춘 조지안 시대 저택도 거주용보다는 전문 기관들이 사용하고 있다.

아일랜드에서는 주택임대가 일반적이다. 유럽연합 국가 중 아일랜드 국민의 자가 소유 비율이 가장 낮다. 여기에는 아일랜드가 몇 년째 겪고 있는 주택 위기가 한몫을 했다. 주택 부족으로 인해 부동산 가격이 대부분 아일랜드 근로자가 감당할 수 없는 수준까지 치솟았기 때문이다. 이런 문제는 더블린과 코크 같은 대도시에서 확연히 드러난다. 대도시에는 보증금을 마련하기 위해 돈을 아끼느라 30대가 되어서도 가족과 함께 사는 젊은이들이 많다.

아일랜드에 오래 살았다면, 아일랜드 사람들이 이웃과 친하고 상대방에게 친근하다는 걸 이미 알고 있을 것이다. 그렇다고 해도 요즘에는 사전 연락 없이 방문하는 건 일반적이지 않다. 이제는 이웃이나 친구 집에 방문하기 전에 연락하거나 미리 약속을 잡는 분위기가 강하다. 식사 자리에 초대받는다면 와인이나 꽃다발 정도의 선물을 준비하는 게 좋다.

시간 지키기

시간에 그다지 얽매이지 않는 아일랜드 사람들의 느긋한 태도에 외국 사람들은 크게 당황한다. 아일랜드인도 비즈니스 미팅이나 공식적인 자리에서는 당연히 시간을 정확히 지키지만, 이들에게는 정해진 일정을 칼같이 지키는 일보다 인간관계와 친한 사람들과 함께 보내는 시간이 더 중요하다. 그렇다 보니 다른 북유럽 문화권보다 약속 시간을 지키는 문화가 적다.

그래서 덕분에 아일랜드 사람들은 계획이 갑자기 바뀌거나 예기치 않게 일이 지연돼도 배려하고 이해하는 문화가 일반적이다. 모임 시간에 조금 늦는다고 해도 크게 문제 삼지 않는다. 집으로 저녁 식사 초대를 해도 손님이 약속한 시각에 도착하리라고 생각하지 않는다. 약속보다 15분에서 30분 정도 늦어도 괜찮다. 아일랜드에 오래 살지 않아도 버스나 기차, 트램이 제 시각보다 몇 분 정도 늦게 온다는 사실을 금방 알 수 있다.

느긋한 삶의 태도 덕분에 더 여유롭게 살 수 있는 시골에서 시간에 구애받지 않는 아일랜드 사람들의 삶의 태도가 빛을 발한다.

· 시골 시간 ·

외딴 시골 마을에서 버스를 기다리는 동안 버스가 언제 오느냐고 친구가 물었다. 나는 이렇게 대답했다. "어, 오긴 오는데 가끔 와. 중간중간에 비는 시간이 있어서 그렇지."

아일랜드인을 만나는 법

다양한 국가와 문화권의 사람들이 아일랜드에 정착해 고향으로 삼고 살면서, 특히 도시에 사는 사람들은 다양한 배경을 가진 사람들과 친분을 쌓는다. 인생의 어느 시점에 외국에 살았던 경험이 있는 아일랜드 사람이 많으므로, 마찬가지로 아일랜드 사람들도 세계 곳곳에 친구가 있다. 이 두 가지 요건이 충족된 덕분에 아일랜드에 온 지 얼마 되지 않은 사람들도 금방 친구를 사귈 수 있다. 입담이 좋기로 유명한 아일랜드 사람들과 대화의 물꼬를 트는 건 다른 나라에서만큼 주눅이 들거나 어려워할 일이 아니다.

아일랜드에서는 학교 때 친구들과 졸업 후에도 우정을 유지하는 게 일반적이긴 하지만, 친구 무리에 기꺼이 새로운 사람을 받아들인다. 아일랜드에서 친구를 사귈 때는 지역 스포츠팀에 가입하는 게 제일 좋다. 게일식 축구나 헐링 등 찾아보면 가입할 만한 스포츠팀이 많다. 건강을 챙기는 건 물론이고 분명 새로운 친구를 사귈 수 있을 것이다.

스포츠 외에도 거의 모든 취미와 관심사를 충족시켜주는 페스티벌과 박람회가 열린다. 골웨이 경마 축제, 코크 재즈 페

• 몇 가지 에티켓 •

아일랜드 사람들이 시간을 엄격하게 지키는 편은 아니지만, 특별한 이유 없이 만나기로 한 장소에 15분 이상 늦는 건 아일랜드 사람들도 무례한 행동이라고 생각한다.

아일랜드 사람과 술을 마실 때는 한 사람씩 돌아가며 술을 사는 게 예의다. 즉 상대방이 술을 사면 그날 술자리에서 보답으로 같이 술을 사는 게 일반적이다. 야외에서 술을 마실 때는 술잔을 들고 건배를 한다(술을 마실 때는 알아서 속도를 조절해야 한다).

레스토랑에서 식사할 때는(아일랜드에서는 "check"가 아니라 "bill"이라고 한다) 각자 나눠서 계산할 수 있는 곳도 있지만, 한 테이블의 계산을 나눠서 해주지 않는 곳도 있다. 이런 경우라면 한 명이 계산하고 일행에게 돈을 받거나 계산한 사람에게 본인 몫을 따로 주면 된다.

다른 사람 집에 식사 초대를 받았다면, 모두 앉을 때까지 기다렸다가 자리에 앉고 집주인이 먼저 식사를 시작할 때까지 기다려야 한다.

아일랜드에서는 누군가 차로 데려다준다면 호의를 받은 사람이 기름값은 내겠다고 하는 게 일반적이다.

스티벌, 트랄리의 장미 축제(케리 주 트랄리에서 매년 개최하는 미인 대회-옮긴이) 등 전 세계 사람들이 모이는 대규모 이벤트가 열리는데, 새로운 사람을 만나고 사귈 수 있는 최적의 기회다. 자원봉사 활동도 사람을 사귈 수 있는 효과적인 방법이며, 사회에 환원하는 뜻깊은 일이다.

업무차 아일랜드에 방문했다면, 동료들과 대화를 나누고 나중에 점심을 같이 먹을 수 있는지 묻는 것만으로도 어색한 분위기를 풀고 금방 친해질 수 있다. 편안한 분위기에서 회사의

• 아일랜드의 팁 문화 •

레스토랑에서 여섯 명 이상 식사를 했다면 팁을 주는 게 일반적이다. 아일랜드는 반드시 팁을 줘야 하는 문화가 아니지만, 고급 레스토랑이나 미용실이나 네일숍처럼 개인 서비스를 제공하는 곳에서는 팁을 준다. 대체로 가격의 10%를 팁으로 주는데, 얼만큼을 줄지는 순전히 개인의 선택에 달렸다. 팁을 주려거든 가능하다면 현금으로 주는 게 좋다. 대부분 레스토랑이나 카페는 카드와 현금으로 팁을 줄 수 있는데, 카드를 선호한다. 드물게 카드로만 팁을 줄 수 있는 곳도 있지만, 이런 경우엔 밖에 표시가 잘 되어 있어 고객이 미리 알 수 있다.

타 부서 사람들을 만날 수 있는 자리나 모임이 있는지 미리 확인하는 것도 좋은 방법이다.

새로운 언어를 배우고 있거나 본인의 모어를 배우는 학습자를 도울 생각이 있다면 언어 교환 모임에 가는 것도 새로운 사람을 사귈 좋은 기회다. 게일어를 배울 마음이 있다면(물론 배워야 하겠지만!) 다양한 능력을 갖춘 게일어 구사자들의 친목 모임에 가는 것도 좋다.

데이트

앞서 살펴본 대로 아일랜드 사람들은 다정하고 대화를 좋아한다. 이들의 대화는 재치 있고 풍자적이며 진지한 농담이 중요하다. 관심 있는 사람이라면 아일랜드 사람과 즐거운 데이트를 할 수 있을 것이다.

아일랜드에서는 가볍게 데이트하는 게 일반적이긴 하지만, 전통적인 가치관과 서로 헌신하고 오래 만나는 관계에 대한 열망도 여전히 남아 있다. 대부분 대학 때 만나서 연애를 하거나 친구를 통해 소개받아 사귀고 몇 년 동안 사귀고 결혼하는 사람이 많다. 최근에는 전 세계적으로 인기 있는 틴더, 범블, 힌지 같은 온라인 데이트 앱을 사용하는 사람도 흔하다.

보여주기식 혹은 환경을 중시하는 마음이 없기에 정해진 데이트 방식도 없다. 레스토랑에서 식사 후에 커피나 술을 마시는 데이트가 일반적이다. 사귀고 데이트하는 방식이 미국보다 느긋하므로 1~2년 정도 사귀고 바로 결혼을 약속하는 커플이 많지 않다. '정착'을 서두르는 분위기가 전혀 없고 결혼을 약속하기 전까지 10년 동안 사귀는 연인들도 있다.

친구 사귀기

아일랜드 사람들에게 사교는 삶의 핵심이다. 이들은 우정에 열정적이며 외향적인 성향이어서 함께 즐거운 시간을 보내려고 한다.

아일랜드 사람들 간 교류는 주로 펍을 중심으로 이루어지기 때문에 펍에서 모든 연령대의 사람들을 만날 수 있다. 아일랜드 사람들은 펍에서 친구를 만나고 음악을 듣고 좋아하는 술을 마신다. 친구들과 펍에서 시간을 보내는 모습이 가장 일반적이다. 아일랜드 요리는 발전을 거듭해왔으며 많은 사람이 새로운 요리를 먹어보는 데 거부감이 없다. 요즘은 친구들과 외식을 하고 시간을 보내는 게 흔한 교류 방식이다.

아일랜드의 자연 광경은 친구들과 함께 야외에서 하이킹, 승마, 게일식 축구, 럭비, 축구 등 스포츠를 즐기기에 안성맞춤이다. 사람들이 기대감을 안고 참여할 수 있는 다양한 페스티벌과 이벤트도 매년 개최된다. 블룸즈데이(제임스 조이스를 기리고 축하하는 날로 6월 16일-옮긴이)부터 일레트릭 피크닉과 코크 재즈 페스티벌과 같은 음악 축제까지 즐기고 참여할 수 있는 이벤트가 항상 곁에 있다. 성향이 맞는 사람을 사귀고 싶다면 절호의 기회다. 아일랜드 사람들은 대체로 친해지기 쉬운 성향이므로 생각보다 쉽게 친구를 사귈 수 있다.

05

문화생활

아일랜드 스텝댄스는 현란한 발동작과 절제된 움직임, 독특한 의상이 특징이며 매혹적이고 리듬이 넘치는 춤이다. 이 춤을 출 수 있는 사람이라면 얼마든지 자랑할 만하다. 18세기 스텝댄스 마스터들 간의 경쟁 무대에서부터 의상이 발전을 거듭해 지금은 굉장히 독특한 면모를 자랑한다. 스텝댄스 대회는 지금도 열리고 있다.

음악과 노래, 춤

아일랜드 사람들은 춤을 즐긴다. 이들의 역사 속에도 춤이 깊이 뿌리 내리고 있다. 유명한 〈리버댄스^{Riverdance}〉와 〈춤의 제왕^{Lord of the Dance}〉 등을 전 세계에서 공연하지만, 아일랜드의 다른 춤과 마찬가지로 이 춤이 언제 시작되었는지는 신화 속에 가려져 있다.

스텝댄스^{Irish step dance}라고도 알려진 이 춤은 16세기에 아름다운 옷을 차려입은 골웨이 소녀들이 필립 시드니 경에게 깊은 인상을 남기면서 알려지기 시작했다. 일반적인 사교의 장이나 경쟁 무대에 이르기까지 아일랜드 스텝댄스는 아일랜드 사람들의 삶 속에 깊이 자리 잡고 있다.

아일랜드 스텝댄스는 현란한 발동작과 절제된 움직임, 독특한 의상이 특징이며 매혹적이고 리듬이 넘치는 춤이다. 이 춤을 출 수 있는 사람이라면 얼마든지 자랑할 만하다. 18세기 스텝댄스 마스터들 간의 경쟁 무대에서부터 의상이 발전을 거듭해 지금은 굉장히 독특한 면모를 자랑한다. 스텝댄스 대회는 지금도 열리고 있다. 여성 스텝댄서들은 눈부신 색상에 화려한 자수 장식이 있는 켈트식 디자인 의상을 입는다. 스텝댄

켈트족 문양으로 장식한 전통 의상을 입은 댄서들

스를 출 때는 신는 댄싱 슈즈는 딱딱한 슈즈와 부드러운 슈즈
두 종류가 있는데, 딱딱한 슈즈는 춤을 출 때 탭댄스 슈즈와
비슷한 소리를 낼 수 있다(신발에서 나는 딱딱거리는 소리는 신발 앞쪽
에 부착된 유리 섬유와 단단한 뒤축에서 나는 소리다). 아일랜드 스텝댄
스를 추는 요령은 고정된 한자리에서 춤을 추는 것이다. 다리
를 모으고 양손을 옆구리에 댄 체 무표정한 얼굴로 마치 '접
시 위에서 춤을 추듯' 고정된 자리에서 바닥을 두드리며 박자
는 짚는 현란한 발동작인 '배터링battering'으로 최대한 소리를 내
면서 추는 춤이다.

케일리^{Céili}는 여흥이 가득한 사교 모임으로 과거에는 시, 스토리텔링, 노래 등을 즐기는 자리였지만, 현대에 와서는 음악과 춤이 중심이 됐다. 케일리라는 이름은 동반자를 뜻하는 고대 게일어 céle에서 유래되었고, céle은 후에 방문을 뜻하는 ceilidh가 됐다. 케일리 댄서들은 스텝댄스처럼 바닥을 두드리는 배터링 대신 다리와 발은 뻗은 채 발끝으로 춤을 춘다. 케일리는 최소 두 명이 함께 추거나 여러 명이 같이 춘다.

아일랜드 세트댄스^{set dance}는 여러 명이 다 같이 추는 춤으로 아일랜드에서 150년 넘게 인기를 누렸다. 보통 네 커플이 정사각형을 이루며 마주 보고 춤을 추고, 세 개에서 여섯 개의 동작 단위로 이루어져 있으며, 춤 사이사이 짧은 휴식이 있다. 19세기에 프랑스 춤인 쿼드릴이 아일랜드로 들어오면서 세트댄스가 시작됐다. 아일랜드 댄서들은 쿼드릴 동작을 아일랜드 음악과 스텝에 맞게 고쳐서 세트댄스를 만들었다. 스퀘어댄스와 달리 세트댄스는 춤의 순서가 동작 이름에 따라 결정되기 때문에 콜러(춤 동작과 이름, 타이밍을 구도로 혹은 노래로 알려주는 사람-옮긴이)가 필요하지 않다.

페이스^{feis}는 게일족의 전통문화 예술 페스티벌이지만, 지금은 아일랜드 댄스 경연 대회를 가리키는 말로 통용되고 있다. 고대 아일랜드에서는 춤을 추고 곡을 연주하고 연극을 하며 모일 수 있는 지역 축제를 가장 중요하게 생각했다. 페이스는 전 세계에서 아일랜드 춤을 가장 잘 볼 기회로 호주, 미국, 유럽 국가를 비롯한 세계 각지에서 개최된다. 현대의 페이스는 아일랜드 댄스와 댄서들이 입는 화려한 의상이 핵심이다. 젊은 여자 댄서들은 켈트 장식을 직접 손으로 수놓은 짧은 치마와 소매가 긴 화려한 의상을 입고 머리카락을 굵은 컬로 말거나 가발을 쓴다. 남자 댄서들은 드레스 셔츠에 넥타이를 매고 조끼를 입고 정장 바지를 입는다.

전통 음악

춤을 추려면 음악이 있어야 한다. 아일랜드 전통 악기 음악은 지그, 릴, 호른 파이프와 같은 춤에서 시작됐다. 춤은 어느 정도 형식적이고 틀에 박힌 형태가 되었지만, 음악은 여전히 자유롭고 격식 없는 분위기를 간직하고 있다. 아일랜드 전역, 특히 서부에 있는 펍에서는 수준 높은 실력을 갖춘 연주를 들을 수 있다. 아일랜드 음악과 노래의 전통은 기록보다는 연주자와

동네 펍에서 악기를 연주하는 다양한 연령대의 음악가들

19세기에 사라진 아일랜드 하프를 대체한 모던 아일랜드 하프를 연주하고 있는 음악가

가수의 구전을 통해 전승되는 성격이 강하다.

아일랜드 음악은 '살아 있는 대중의 전통'이라고 불릴 정도도 대중들은 누가 무슨 노래를 만들었는지 기억조차 못 한다. 실제로 아일랜드에는 익명의 노래가 많은데, 그 오랜 전통은 적어도 18~19세기까지 거슬러 올라간다. 노래의 선율이 변하고 장식음이 추가되고 박자도 변하며 노래의 가사를 바꿔 부르기도 한다.

음악 스타일

아일랜드 음악은 감미로운 선율이 특징이며 음악에 담긴 스토리텔링과 밀접하게 연결되어 있다. 아일랜드 하프, 바이올린, 틴 휘슬, 플루트, 보드란(드럼), 아코디언, 일리언 파이프 등이 아일랜드 음악만의 독특한 소리를 만든다. 가장 유명한 악기는 아일랜드 하프로 오랫동안 국가의 상징이었으며 기네스의 공식 상표로 등록되는 영광을 얻기도 했다. 아일랜드 하프와 일리언 파이프는 풀무로 연주하며, 스코틀랜드 파이프보다 더 조용하고 부드러운 소리가 난다. 이 두 악기는 평범한 노동자 계급이 연주하기엔 너무 비싼 악기였기에 주로 귀족들이 즐겼다.

민중들에게는 바이올린과 다양한 형태의 아코디언, 콘서티나가 가장 인기가 많았다. 요즘에는 미국에서 건너온 만돌린과 밴조, 기타가 인기가 많다.

아일랜드 관악기는 나무 플루트, 소박한 틴 휘슬(리코더처럼 6개의 구멍과 마우스피스가 있는 금속 악기) 등이 있다. 유명한 음악가인 무이렌 닉 암라이브Muireann Nic Amhlaoibh는 뛰어난 기교를 선보이며 틴 휘슬을 연주한다.

아일랜드의 독특한 타악기로는 보드란 드럼과 램버그 드럼

전통적인 보드한 드럼

을 들 수 있다. 보드란은 염소 가죽으로 만든 둥근 모양으로 양쪽 끝이 똑같이 생긴 바통으로 빠르게 연주하며 딸랑거리는 가벼운 소리를 낸다. 램버그 드럼은 북아일랜드 개신교와 깊은 인연이 있는 악기다. 무게가 15kg이나 되는 이 커다란 드럼은 오렌지단이 행렬할 때 연주하곤 하는데, 수 킬로미터 떨어진 곳에서도 그 소리가 들린다.

• 음악은 편을 가른다 •

오랜 세월 지속된 북아일랜드 분쟁은 아일랜드의 음악과 노래에 잘 녹아 있다. 유명한 북아일랜드 개신교 노래 중 하나는 가톨릭으로 개종한 이야기인 <올드 오렌지 플루트>다. 플루트는 개종한 주인과 달리 개신교 곡만 연주하겠다고 끝까지 고집을 피우다 이교도로 몰려 사제들에게 화형을 당한다. 이와 비슷한 맥락에서 전 세계적으로 유명하고 아일랜드 사람들의 감정과 열망을 담은 아일랜드 노래 가운데 공화주의적 주제를 담고 있는 경우가 많다. <글렌사이드 아래(볼드 페니안 맨의 노래)>와 <케빈 베리(아일랜드 독립 운동 당시 반란군이 부르던 노래-옮긴이)>와 같은 노래는 20세기 초반부터 부르기 시작했고, 훨씬 이전부터 공화주의적 주제를 담은 다른 노래들도 불렀다.

밴드 행렬은 북아일랜드의 독특한 특징으로 개신교와 가톨릭 커뮤니티 모두 퍼레이드와 행진을 함께하는 밴드가 있다.

1950년대부터 1970년대 초반까지 인기를 끌었던 쇼밴드는 아일랜드 전통 악기와 음악, 정치와는 아무 연관이 없었다. 이들은 순회공연을 하는 댄스 밴드로 로큰롤, 스탠더드 댄스 음악, 딕시랜드 재즈, 컨트리와 웨스턴 곡을 연주했다. 오늘날 아일랜드 음악은 전통과 현대 음악 등 여러 분야가 결합한 풍부한 성격을 띠고 있다. 밴 모리슨, U2, 스노우 패트롤, 2023년 사망한 시네이드 오코너, 호지어 등 유명한 음악가들의 손을 거쳐 전 세계적으로 인기를 끌었다.

문학과 음유시인

외국 사람들은 아일랜드 사람들이 시와 드라마에 얼마나 관심이 많고 관련 지식이 풍부한지 알고 나면 깜짝 놀랄 때가 많다. 아일랜드 문학은 일상 평범한 일상 경험의 한 부분으로 인식되고 있다. 아마도 아일랜드의 정체성을 회복하는 과정에서 문학이 중요한 역할을 했거나, 단순히 아일랜드 사람들이 언어를 좋아하는 마음과 관련이 있을 수도 있다. 옛 아일랜드 사회의 모든 지도자는 전속 음유시인이 있었으며, 마을에는 순회하는 역사가이자 스토리텔러가 있었다. 실제로 음유시인 전통의 근간은 구전 스토리텔링에 있었다.

17세기 후반까지만 해도 아일랜드 문학은 게일어로 쓰인 문학을 의미했다. 음유시인 양성소에서 젊은 학자들에게 언어와 문학, 역사, 브레혼 법을 가르친 오랜 역사 덕분에 아일랜드는 시인, 역사가, 학자를 배출할 수 있었다. 하지만 잔혹한 전쟁을 겪으며 결국 아름다운 시대도 막을 내렸다. 자타공인 최고 실력자이자 마지막 음유시인은 털러 오캐롤런(1670~1738)이었다. 오캐롤런을 기다리느라 결혼식이나 장례식이 지연되기도 했다고 한다.

리머릭에서 태어난 브라이언 메리먼은 비밀 학교 교사이자 게일어 음유시인으로 1780년 가장 유명한 게일어 시를 지었다. 메리먼의 『Midnight Court(자정의 법정)』은 완성도가 높고 외설적이며 여성주의적이고 종교의 권위에 반항하는 작품이다. 시인은 아름다운 요정 여왕 아이오빌이 주재하는 법정에 납치되어, 그곳에서 여성들이 남성들의 성적 무능함에 대해 고발하는 내용을 듣는다. 이 작품은 현대 아일랜드어로 쓰인 최고의 서사시로 종종 평가받는다.

18세기는 영국계 아일랜드 작가들의 시대였으며, 당시 문호 중에 아일랜드 사람이 얼마나 많은지 놀라울 정도다. 『The Recruiting Officer(모병관)』와 『Beaux' Stratagem(멋쟁이의 계략)』의 작가 조지 파쿼(1678~1707), 『She Stoops to Conquer(그녀는 정복하기 위해 무릎을 꿇는다)』의 작가 올리버 골드스미스(1728~1774), 『The Rivals(경쟁자들)』, 『The School for Scandal(스캔들 학교)』, 『The Critic(비평가)』의 작가 리처드 셰리든은 18세기 작가로 현대에 와서도 작품이 무대에 오르는 몇 안 되는 작가 가운데 한 명이다. 모두 아일랜드 개신교 신자였으며 파쿼와 골드스미스는 더블린에 있는 개신교 학교인 트리니티 칼리지에서 공부했다.

『걸리버 여행기』를 집필한 풍자 작가 조나단 스위프트(1667~1747)도 트리니티 칼리지에서 수학했다. 스위프트는 성 패트릭 대성당에서 사제로 지냈으며 동시대에서 가장 유명한 산문 작가라고 해도 무방하다. 마리아 에지워스(1767~1849) 초대 여성 소설가 중 한 명으로 작품 『Castle Rackrent(캐슬랙)』을 통해 본인이 속한 아일랜드 지주 계급을 비난했다. 대다수 아일랜드 작가들은 이름을 알리기 위해 영국으로 갈 수밖에 없었다.

아일랜드 개신교 극작가들 덕분에 18세기는 물론이고 19세

오스카 와일드

기 후반부터 20세기 초반까지도 아일랜드 극장의 무대에 활기가 돌았다. 오스카 와일드(1854~1900)는 더블린 외과 의사 집안의 아들로 태어나 옥스퍼드에 진학하기 전 트리니티 칼리지에서 공부했다. 와일드의 『진지함의 중요성』은 영어로 쓰인 희곡 중 명실상부 가장 훌륭한 코미디 작품이며 가장 큰 성공을 거두었다. 조지 버나드 쇼(1856~1950)는 더블린 남부의 부촌인 달키 섬에서 유년 시절을 보냈다. 술주정뱅이 아버지를 둔 버나드 쇼는 15세에 학교를 그만두고 부동산 중개인으로 일하며 생계를 꾸렸다. 스무 살이 된 해에 어머니와 함께 영국으로 건너가 그곳에서 무대에 올릴 만한 드라마를 집필했으며 버나드 쇼의 작품 중 상당수는 지금도 활발히 무대에 오른다. 버나드 쇼는 1925년 노벨 문학상을 받았다.

【 게일어 연맹 】

와일드와 버나드 쇼가 영국에서 이름을 알리기 위해 노력하는 동안, 아일랜드에서도 위대한 업적을 이어가기 위한 노력이 한창 진행됐다. 1893년 아일랜드 사람들의 정체성을 주장하기 위해 게일어 연맹이 설립되면서 게일어뿐 아니라 아일랜드의 춤, 시, 노래, 스포츠, 신화, 심지어 전통 의상에 대한 열정에 불이 붙었다. 게일어 연맹은 더글러스 하이드와 이오인 맥닐이 공동 설립했다. 이들은 아일랜드의 정체성을 지키기 위해서는 아일랜드의 언어와 문화가 반드시 부활해야 한다고 믿었다.

중산층의 개신교 지식인들이 게일어 연맹을 설립하긴 했지만, 연맹이 아일랜드의 미래에 끼칠 영향력을 절대 무시할 수 없다. 오늘날 아일랜드 정체성의 핵심 요소인 아일랜드의 언어와 문화가 부흥할 수 있는 초석을 마련했다. 게일어 연맹 설립 이후 게일터흐트 지역에서는 게일어 중심 교육이 더욱 보편화됐다. 아일랜드가 배출한 가장 열성적인 활동가였던 마이클 콜린스는 게일어 연맹에 대해 다음과 같은 말을 남겼다. "게일어 연맹은 아일랜드의 국가 자부심과 명예, 자존감을 회복하는 데 그 어떤 운동보다 더 많은 성과를 달성한 운동으로, 국가 역사를 통틀어 가장 위대한 업적이었다."

더글러스 하이드는 더블린 대학에서 현대 게일어를 가르쳤다. 하이드가 없었다면 현대 게일어는 개념조차 존재하지 않았을 것이다. 이후에는 아일랜드 공화국의 초대 대통령으로 선출됐다. 이오인 맥닐은 1913년 아일랜드 의용군을 창설했으며 1922년부터 1925년까지 교육부 장관을 역임했다. 게일 문학뿐만 아니라 아일랜드 사람들의 일상 언어와 속담, 시를 재창조하는 데도 맥닐의 천재성이 발휘됐다.

무엇보다 개신교 성직자의 손자인 윌리엄 예이츠(1865~1939)의 작품은 아일랜드 르네상스에 영감을 불어넣었다. 예이츠는 1923년 노벨 문학상을 받았으며 그는 시와 희곡 작품에서 아일랜드의 신화를 주로 심도 있게 다루었다. 덕분에 아일랜드 사람들은 자신들이 얼마나 풍부한 전통을 가졌는지 깨달았고, 이에 자부심을 느꼈다.

예이츠는 영국계 아일랜드 지주인 레이디 그레고리를 비롯한 다른 이상주의자들과 아일랜드 국립극장협회를 조직했다. 이들은 1994년 더블린에서 애비 극장을 개관하며 존 밀링턴 싱의 『서쪽 나라의 멋쟁이』를 무대에 올렸다. 예이츠는 실제로 작품의 배경인 애런 제도에 살면서 섬사람들의 말과 문화를 익힐 수 있었다. 애런 제도의 섬 주민들을 있는 그대로 현실적인 시선으로 담아냈지만, 『서쪽 나라의 멋쟁이』 초연 막이 오른 날 거센 반발이 일었다.

예이츠와 레이디 그레고리가 켈트 복고주의(또는 켈트의 황혼)에 동참하고 신화적 모티브를 중심으로 한 희곡 작품을 남겼지만, 애비 극장의 미래는 그들과는 다른 방향으로 나아가고 있었다.

작가 숀 오케이시는 개신교 신자였지만, 켈트의 황혼을 외치는 사람들과는 다른 점이 많았다. 우선 오케이시는 노동자 계급이었고 헌신적인 사회주의자였으며 반란군인 아일랜드 시민군의 일원이었다. 오케이시의 더블린 3부작 『The Shadow of a Gunman(총잡이의 그림자)』, 『Juno and the Paycock(주노와 공작)』, 『The Plough and the Stars(쟁기와 별)』는 부활절 봉기와 아일랜드 독립 전쟁, 아일랜드 내전에 관한 이야기다.

아직 상흔이 아물지 않은 1920년대에 애비 극장의 무대에 올랐지만, 오케이시의 작품은 양쪽 진영의 폭력성을 비난하거나 인간적인 연민을 호소하는 데는 소극적이었다. 더블린 3부작에는 웃음이 녹아 있지만 전달하는 메시지는 비극적이다. 『Juno and the Paycock(주노와 공작)』은 초연 당시 관객들에게 야유를 받았다. 『The Plough and the Stars(쟁기와 별)』가 부활절 봉기를 비난하자 난장판이 벌어졌다. 실제로 부활절 봉기의 깃발엔 쟁기와 별이 그려져 있다.

1928년 힐튼 에드워즈와 마이클 맥클러모어가 설립한 게이트 극장에서는 유럽 작가의 고전 작품을 주로 무대로 올렸지만, 애비 극장은 1950년대까지도 논란이 있는 작품을 다루며 독자적인 길을 갔다. 브렌던 비언이 직접 활동했던 IRA를 다룬 『The Hostage(인질)』과 톰 머피의 『The Famine(대기근)』(1968)이 대표적이다. 최근에는 웩스퍼드 출신 작가 빌리 로체의 『The Wexford Trilogy(웩스포드 3부작)』를 통해 현실적이고 냉정한 시각으로 아일랜드의 삶을 그려내는 전통을 이어갔으며, 전 수상인 카헐 오 호아^{Charles Haughey}를 에둘러 비판한 존 브린의 『Hinterland(힌터랜드)』로 한 번 더 논란의 중심에 섰다.

연극을 향한 아일랜드의 열정은 수많은 드라마 페스티벌과 지역 단체만 봐도 알 수 있다. 케리 주의 작은 마을 리스타월에 살던 존 B. 킨의 희곡 『Big Maggie(빅 메기)』는 브로드웨이에 진출했으며 『The Field(토지)』는 영화로 제작됐다. 두 작품 모두 코크에 있는 아마추어 극단에서 초연됐다.

소설가

아일랜드의 수백 명 작가 중 몇 명을 언급하자면 우선 에드나 오브라이언을 들 수 있다. 오브라이언의 『시골 소녀들』은 폐쇄적이며 맹렬하고 편협한 마을에서 나고 자라 수녀원에 들어간 작가 본인의 경험을 담은 소설이다. 존 맥가헌의 『The Dark(어둠)』는 사제에 대한 부정적인 묘사로 한때 아일랜드에서 금서로 지정되었지만, 현대에는 아일랜드 거장 작가 중 한 명으로 평가받고 있다. 메이브 빈치는 시골 생활과 런던에 사는 젊은 아일랜드 여성들을 주제로 한 작품으로 큰 인기를 끌었다. 로디 도일의 소설은 더블린의 공공주택 단지의 삶을 모티브로 하여 대중의 인기를 얻은 동시에, 아일랜드 사회를 진지하게 들여다본 작품이다.

플랜 오브라이언은 영어와 게일어로 글을 썼다. 영어로 쓴 걸작 『At Swim-Two-Birds(수영하는 새 두 마리)』와 『제3의 경찰』은 '오브라이언'이라는 필명을 썼고, 게일어로 쓴 『An Béal Bocht(가난 타령)』은 '마일즈 나 고팔린Myles na Gopaleen'이라는 필명을 썼다(작가의 본명은 브라이언 오놀런이다-옮긴이). 오브라이언의 작품은 20세기 최고의 게일어 소설 중 하나로 평가받는다.

제임스 조이스의 1922년 작품 『율리시스』는 문학사에서 가장 영향력 있는 소설 중 한 편으로 손꼽힌다. 이 작품은 호메로스의 『오디세이아』에 나오는 영웅 오디세우스의 여정을 모티브로 삼아, 1904년 하루 동안 '레오폴드 블룸'이 더블린을 돌아다니는 여정을 따라가며 각 챕터를 서로 다른 문체로 구성했다.

작가 사무엘 베케트는 제임스 조이스와 집필을 함께한 적이 있다. 제임스 제이스가 산문 집필에 큰 영향을 끼친 것처럼, 베케트의 대표작 『고도를 기다리며』는 전 세계 연극에 지대한 영향을 미쳤다.

주목할 만한 현대 작가로는 콜름 토이빈, 클레어 키건, 콜럼 맥캔 등이 있다. 비평가들의 찬사를 받으며 대표적인 밀레니얼 세대 작가로 손꼽히는 샐리 루니는 현재까지 『친구들과의 대화』, 『노멀 피플』, 『아름다운 세상이여, 그대는 어디에』를 출간했으며 『친구들과의 대화』, 『노멀 피플』은 TV 시리즈로 제작되어 많은 인기를 얻었다. 이 밖에도 인가 수상 작가 존 보인, 세실리아 어헌, 매기 오패럴 등이 있다.

투어허 데 다넌을 정복한 밀레시안은 하피스트를 남쪽으로, 음유시인을 북쪽으로 보냈다. 덕분에 오늘날까지 음악은 남쪽, 문학은 북쪽이라는 말을 하곤 한다.

시인 루이스 맥니스를 기점으로 1960년대에는 소설가 모리스 리치, 많은 사람에게 현존하는 최고의 극작가라는 평을 받는 브라이언 프리엘, 시인 마이클 롱리, 데릭 마혼, 셰이머스 히니 등 재능이 출중한 작가들이 줄지어 등장했다. 작은 마을에서 농부의 아들로 태어난 히니는 하버드대학에서 수사학과 시학을 가르쳤다. 옥스퍼드대학에서도 시학을 가르치며 1995년에는 노벨 문학상을 받았고 2013년에 사망했다.

뒤를 이어 시인 톰 폴린, 시아란 카슨, 폴 멀둔, 극작가 스튜어트 파커, 앤 데블린, 게리 미첼 등 다음 세대의 젊은 작가들이 계보를 이어갔다.

영화

1990년대에는 영화 『The Field(토지)』(소설 『The Field』는 한국어 번

역판이 없지만, 영화는 〈토지〉라는 제목으로 1990년대에 한국에 개봉된 적이 있다-옮긴이)를 필두로 아일랜드를 배경으로 한 영화들이 잇따라 공개됐다. 다니엘 데이 루이스 주연의 〈아버지의 이름으로〉, 해리슨 포드 주연의 〈패트리어트 게임〉, 헬렌 미렌 주연의 〈어느 어머니의 아들〉과 〈칼의 고백〉 등은 북아일랜드 분쟁을 공통 주제로 삼고 있다. 다른 작품들은 로디 도일의 'Barrytown Trilogy(배리타운 3부작)'인 〈The Commitments(헌신)〉, 〈The Snapper(뜻밖의 선물)〉, 〈The Van(더 밴)〉처럼 평범한 아일랜드의 삶을 이야기한다.

최근에는 〈벨파스트〉, 〈블러디 선데이〉, 〈트랩트〉, 〈71:벨파스트의 눈물〉, 〈피프티 데드 맨 워킹〉, 〈천국에서의 5분간〉, 〈헝거〉 등 여러 영화에서 북아일랜드 분쟁을 다루고 있다. 영화의 상당수는 아일랜드에서 제작되지 않았지만, 영국계 아일랜드 감독인 존 마이클 맥도나와 마틴 맥도나 형제가 제작과 각본을 맡아 〈더 가드〉, 〈캘버리〉, 〈이니셰린의 밴시〉 등의 영화를 만들었다.

세계적인 인기를 구가하는 TV 시리즈 〈데리 걸스〉는 북아일랜드의 문화를 가감 없이 표현하고, 북아일랜들 분쟁 당시 복잡한 삶의 모습을 친근하고 유머러스하게 풀어냈다는 평을 받는다.

1990년대를 배경으로 하는 〈데리 걸스〉는 10대 아일랜드 소녀들과 사촌 한 명이 북아일랜드 분쟁과 사회적 혼란 속에서 평범한 10대의 삶을 헤쳐 나가는 여정을 보여준다. 전체적으로 이 작품은 북아일랜드 역사에서 암울한 고난의 시간을 견디는 사람들의 삶에 공감하고 재미있게 풀어나간다. 많은 시청자, 특히 아일랜드와 영국을 제외한 국가의 시청자들에게 북아일랜드 분쟁과 당시의 역사적 배경을 설명했다는 점에서 크게 주목을 받았다.

축제

아일랜드에서는 게일어와 영어로 된 시, 드라마, 재즈, 영화, 춤, 전통 음악 등을 명분 삼아 다양한 축제(또는 페이스)와 음악 축제인 플리드 체일^{fleadh cheoil} 등을 맘껏 즐길 수 있다. 아일랜드에서 월별로 즐길 수 있는 축제는 다음과 같다.

1월 클래어 주의 새년사이드 윈터 뮤직 위크 페스티벌, 더블

린의 트래드 템플 바 축제와 클래식스 나우

2월   케리 주의 에이그셔나 브리조이그, 더블린 국제 영화제, 코크 주의 오르투스 챔버 뮤직 페스티벌

3월   성 패트릭의 날(17일), 리머릭 국제 밴드 페스티벌, 벨파스트 어린이 페스티벌

4월   쿠르트 국제 시와 문학 페스티벌, 벨파스트의 대성당 지구 예술 축제, 골웨이의 연극제, 더블린 연극제

5월   골웨이 뮤직 페스티벌, 더블린의 댄스 페스티벌, 더블린의 국제 문학 페스티벌, 웨스트 위클로 챔버 뮤직 페스티벌

6월   코크 주의 미드 섬머 페스티벌, 데이스트 오브 더블린, 비욘드 더 페일, 글렌달록, 시 세션, 번도란

7월   골웨이 아트 페스티벌, 클론멜 아트 페스티벌, 웨스트 코그 문학 페스티벌, 튜드 음악 페스티벌

8월   트랄리의 장미, 킬로글린의 숫염소 축제, 킬케니 아트 페스티벌, 인디 뮤직&아트 페스티벌, 미첼스타운, 골웨이 레이스

9월   리스둔바나 메치메이킹 페스티벌, 더블린 프린지 페스티벌, 일렉트릭 피크닉, 스트래드벌리 홀, 더블린 역사 페스티벌, 딩글 푸드 페스티벌

10월 웩스퍼드 오페라 페스티벌, 코크 재즈 페스티벌, 벨파스트 국제 아트 페스티벌, 더블린의 브램 스토커 페스티벌

11월 드로그헤다 전통 음악 축제, 에니스 트래드 페스티벌, 코크 국제 영화제, 더블린 도서전

12월 뉴그레인지의 윈터 솔스티스 페스티벌, 골웨이 크리스마스 마켓, 워터퍼드의 윈터발

아일랜드에서 가장 오래된 축제인 숫염소 축제Puck Fair는 특별한 의미가 있다. 이교도 기원이 분명한 축제로, 보통 8월 10일부터 12일까지 사흘 동안 킬로글린의 라우네 강에서 열린다.

사흘 동안 열리는 축제는 모이는 날, 축제의 날, 헤어지는 날로 구성되어 있다. 축제의 가장 중요한 이벤트이자 숫염소 축제를 기독교 이전의 독특한 전통으로 만드는 가장 큰 특징은, 무려 3만 명에 달하는 구경꾼이 보는 앞에서 숫염소 한 마리에게 왕처럼 꽃 왕관을 씌우는 의식이다. 숫염소 축제는, 다산을 상징했던 염소로 추수의 시작을 알리는 켈트족의 축제 루그나사Lughnasa에서 유래되었다고 알려져 있다.

06

여가생활

아일랜드는 안식일 문화가 없으므로 일요일에도 쉽게 식료품을 살 수 있으며, 스포츠 경기도 대체로 일요일에 열린다. 패스트푸드 체인점이 기하급수로 늘어나면서 밤낮없이 언제든 저렴하게 식사를 할 수 있다. 반면 북아일랜드는 아일랜드 공화국과 반대다. 예전에는 일요일에 문을 닫았지만, 요즘에는 짧게나마 문을 연다.

먹거리와 외식 문화

지난 몇 년 동안 아일랜드의 먹거리와 외식 문화가 크게 발전했다. 평범하고 단순한 생계형 요리에서 지역 농산물과 전통음식의 가치를 중시하는 동시에, 세계 각국의 다양한 음식 재료와 스타일을 활용할 줄 아는 유행을 선도하는 요리 문화로 발전해갔다. 아일랜드는 창의적인 요리를 만들고 미식가들을 만족시킬 수 있을 만한 천연 음식 재료가 풍부하고, 비옥한 농지를 갖춘 나라다.

[레스토랑과 펍의 음식]

지난 30년 동안 기하급수적으로 늘어난 레스토랑과 요식 업체는 아일랜드 사람들의 생활상이 어떻게 변했는지 가장 잘 보여주는 지표다. 비싼 가격으로 유명한 곳도 있고 비싼 가격만큼 훌륭한 음식으로 이름을 알린 곳도 있다.

더블린에서는 세계 각국의 모든 음식을 쉽게 맛볼 수 있다. 두르리 거리, 도슨 거리, 데임 거리, 온지에 거리 지역에는 다른 곳보다 레스토랑이 많다. 멕시코, 이탈리아, 인도 음식까지 먹을 수 있고 고급 해산물 식당도 쉽게 찾을 수 있다. 중식당뿐만 아니라 케밥 체인점, 중동 음식점도 즐길 수 있다. 아일랜드 식문화는 고기 위주지만 채식과 비건 레스토랑도 있다.

현지 음식을 맛보고 싶다면 아일랜드 펍을 가는 게 좋다. 특히 점심시간에 펍에 가면 저렴한 가격으로 맛있는 음식을 먹을 수 있다. 듀크 거리에서 가장 유명한 데비 번Davy Byrne's을 가는 게 좋다. 데비 번은 제임스 조이스의 『율리시스』에 등장하면서 유명해진 펍이다. 제임스 조이스의 전형적인 특징을 잘 보여주는 구절을 보면, 주인공 레오폴드 블룸은 데비 번에 들려 고르곤졸라 치즈와 머스타드 샌드위치를 먹고 버건디(부르고뉴 지방에서 생산되는 와인 - 옮긴이) 한 잔을 마신다.

블룸은 톡 쏘는 알싸한 겨자를 바른 신선한 빵에 쿰쿰한 냄새를 풍기는 치즈를 넣은 샌드위치를 먹은 후 와인 몇 모금으로 미각을 달랬다. 물을 탄 싸구려 와인은 아니었다. 찬 기운이 가신 지금 같은 날씨에 즐길만한 와인이었다.

-제임스 조이스, 『율리시스』

일반적으로 아일랜드의 펍은 뉴욕의 바처럼 주인의 이름을 따서 가게 이름을 짓는다. 아일랜드에서 가장 오래된 펍의 이름은 '브레이즌 헤드'인데, 이런 기발한 이름은 흔하지 않다. 벨파스트의 펍들도 대부분 비슷하지만, '더 크라운'은 그 아름다운 겉모습 덕분에 내셔널 트러스트(영국에서 가장 많은 토지를 소유하고 있는 토지주-옮긴이)에서 소유하고 있다.

아일랜드 전역에 유럽식 카페가 보편화되면서

모든 메뉴가 포함된 전통 아일랜드 아침 식사

기존의 생활 방식이 완전히 바뀌는 데 이바지했다. 대부분 카페에서는 가벼운 식사를 할 수 있고 몇몇 카페에서는 술도 마실 수 있다.

아일랜드식 전통 아침 식사는 베이컨, 달걀, 소시지, 토마토, 버섯, (돼지 피로 만든) 화이트 푸딩과 블랙 푸딩(돼지 창자에 돼지 피와 고기, 오트밀 등을 넣어 만든 음식으로 생김새와 맛 모두 순대와 비슷하다-옮긴이), 소다 브레드(효모를 넣어 발효하지 않고 베이킹소다를 넣어 부풀어 오르게 한 빵-옮긴이)에 차나 커피를 마신다.

아일랜드 시골에서 지내는 동안 운이 좋으면 현지 농산물로 만든 식사를 즐길 수 있다. 시내에 있어도 일주일 내내 현지 농산물을 가져오기 때문에 얼마든지 아일랜드의 유명한 음식 재료를 맛볼 수 있다.

더블린에서는 늘어나는 중산층 사이에서 건강에 관한 관심이 커지면서 커피를 곁들인 가벼운 아침과 간단한 점심 이후, 저녁에 본격적인 식사를 하는 방향으로 바뀌고 있다.

영국식 애프터눈 티를 제공하는 호텔이 있긴 하지만, 애프터눈 티가 아일랜드 사람들의 일상에 자리를 잡은 적은 한 번도 없었다. 북아일랜드에는 5시 30부터 마시는 하이 티 High tea 가 있는데, 가끔 가벼운 저녁 식사supper 혹은 저녁 만찬dinner이라고 부르고 하루 중 본격적인 식사를 하기도 한다. 하이 티는 물론 차와 함께하는데 고기 또는 생선에 빵과 채소도 같이 먹는다. 얼스터에는 아예 저녁을 먹을 수 없는 호텔들도 있는데, 이때 제공되는 식사 가격은 상당히 비싸다.

아일랜드 공화국에서는 최소한 도시라면 어느 레스토랑에서든 저녁을 먹을 수 있고 식사를 파는 펍도 많다. 중요한 건 이런 곳은 일찍 문을 닫는다. 특히 펍에서는 주방을 마감하고 바텐더가 술을 팔아야 하므로, 8시 30분 혹은 9시부터는 음식을 팔지 않는 게 일반적이다.

집이나 숙소로 음식을 배달시키고 싶다면 저스트잇이나 딜리버루 Just Eat and Deliveroo 등 음식 배달 앱을 유용하게 쓸 수 있다.

[일요일]

아일랜드 사람들은 안식일 문화가 없으므로 일요일에도 쉽게 식료품을 살 수 있으며, 스포츠 경기도 대체로 일요일에 열린다. 패스트푸드 체인점이 기하급수로 늘어나면서 밤낮없이 언제든 저렴하게 식사를 할 수 있다. 반면 북아일랜드는 아일랜드 공화국과 반대다. 예전에는 일요일에 문을 닫았지만, 요즘에는 짧게나마 문을 연다. 대형 상점은 일요일에는 오후 1시부터 6시까지만 영업을 한다. 일요일에 점심을 먹을 수 있는 레스토랑도 초저녁에 영업을 끝낸다.

【 서비스 】

패스트푸드 체인점을 제외한 곳에서는 서비스가 느긋할 수 있다. 즉 직원들이 빠릿빠릿하지는 않지만 가벼운 손짓이나 아이콘택트만으로도 충분히 알아차린다. 서비스에 불만이 있다면 직원들에게 알려주면 대부분 금방 해결해준다. 아일랜드 사람들은 속으로 투덜대고 겉으로는 묵묵히 참는 편이다. 앞서 말했듯이 아일랜드에서는 종업원들에게 꼭 팁을 줘야 하는 문화가 없다. 호텔이나 레스토랑에서 직원들에게 팁을 주고 싶다면, 10~15%가 일반적이다. 서비스 요금을 내야 하는 곳도 생겼지만, 보통은 일행이 여섯 명이 넘을 때만 팁을 준다. 펍에서는 테이블에 앉아 웨이터가 술을 가져다준 게 아니라면 팁을 남기지 않아도 된다. 바에서 일하는 직원에게 술을 사주는 일역시 아직은 아일랜드에서 흔하지 않다.

【 푸짐한 양, 빵과 생선, 그리고 감자 】

아일랜드 시골 음식의 정수는 신선한 현지 농산물이다. 리머릭 햄이나 버터를 바른 빵, 기네스 맥주와 함께 먹는 골웨이 굴은 꼭 먹어봐야 한다.

아일랜드 서부 지역은 이 밖에도 신선한 연어나 현지의 훈제 연어, 양고기가 유명하다. 아일랜드 소고기는 특히 맛이 좋기로 유명하다. 스테이크를 레어로 즐기고 싶다면 스테이크 하우스로 가야 한다. 대부분 외식 업체에서는 건강과 안전 문제로 미디엄 레어로만 판매한다. 겨울철에는 사슴고기와 야생에서 잡은 꿩이나 토끼 고기도 즐길 수 있다.

오랜 습관을 바꾸기는 힘들다. 아일랜드 대부분 지역에서는 식사에 꼭 감자가 포함된다. 일반적으로 두 가지 방법으로 요리한 감자가 같이 나오는데, 껍질째 삶은 감자에 구운 감자나 으깬 감자, 심지어 감자튀김도 같이 나온다. 주요 도시를 제외하고는 샐러드는 상상하기 힘들 정도로 맛이 없긴 하지만, 아일랜드 대부분 지역의 입맛이 빠르게 변하고 있다.

아일랜드의 음식량도 많은 편이지만, 그렇다고 미국처럼 엄청난 양은 아니다. 아일랜드의 라지 사이즈 음료수는 미국의 스몰 사이즈 음료수와 비슷하다. 아일랜드에는 베푸는 인심을 중요하게 생각하는 문화가 있으므로 준비한 음식이 남는다고 해도 크게 기분 나쁘게 생각하지 않는다.

아일랜드 빵은 세계적으로 유명하다. 진하고 부드러운 버터를 발라 먹어야 최고로 맛있게 즐길 수 있다. 소다 브레드는 맷돌로 간 밀가루를 베이킹 팬에 굽는데, 이스트 대신 베이킹 소다와 버터밀크를 쓴다. 소다 브레드에 갇힌 요정이 빠져나갈 수 있도록 십자 모양의 칼집을 내준다. 부드러운 롤빵을 밥스Baps라고 하고, 워터퍼드 지방에서 인기가 많은 밀가루로 만든 폭신한 롤빵은 블라blaa라고 한다. 아일랜드의 핼러윈 때는 전통 과일 케이크인 밤브래Barmbrack을 먹는다. 물론 이때도 감자로 만든 빵은 빠지지 않는다.

연어와 송어를 비롯한 민물고기는 아일랜드 식사 메뉴에서 언제나 중요한 부분을 차지한다. 해산물은 특히 아일랜드 서부 지역의 특산물로, 골웨이 레스토랑에서 서해안 고급 랍스

• 나이프와 포크 •

아일랜드의 식사 예절은 나이프는 오른손으로 쥐고 포크는 왼손으로 쥐는 영국식 식사 예절을 따른다. 아일랜드에서 음식을 자른 뒤 오른손으로 포크를 바꿔 잡는 미국식은 일반적이지 않다.

터, 가리비, 홍합, 가자미를 즐길 수 있다. 더블린에 있는 레스토랑에서도 서부의 해산물을 얼마든지 먹을 수 있다. 대개 간단한 방식으로 조리하고 그 맛 또한 훌륭하다.

음식

아일랜드 요리가 유명하지는 않지만, 전통 음식은 현지의 간단한 음식 재료로 풍성하게 차리는 게 특징이다. 아일랜드 출신의 셰프와 현지 식당은 전통 음식을 현대에 맞게 재해석하는 데에 자부심이 강하다. 이런 아일랜드의 음식에는 감자가 꼭 들어간다.

셰퍼드 파이는 1700년대 일반 가정에서 음식을 최대한 아끼려고 애를 쓰던 시절에 탄생한 음식으로 지금까지 오래도록 사랑받는 단골 메뉴다. 이 파이는 원래 소고기가 아니라 양고기를 넣어서 만들었다. 양파와 각종 채소로 만든 그레이비 소스로 고기를 조리하고 그 위에 으깬 감자를 얹는다. 셰퍼드 파이는 추운 겨울에 먹기 좋은 따뜻한 음식이다.

박스티Boxty는 으깬 감자와 삶은 감자(가끔 달걀을 추가해도 좋다)

위에서부터 차례대로 소고기와 감자 당근, 허브를 넣은 아일랜드식 스튜, 소시지와 베이컨 스튜인 더블린 코들, 골웨이에서 맛볼 수 있는 신선한 굴

로 만드는 감자 팬케이크로 베이컨을 굽고 난 기름에 굽는다.

콜캐넌Colcannon은 양배추와 허브를 곁들인 으깬 감자 요리다. 챔프champ는 간단하게 스프링 어니언(머리 부분이 둥글고 작은 덜 자란 양파. 한국의 쪽파와 비슷하다 – 옮긴이)만 넣어서 만든 으깬 감자 요리다.

호불호가 명확하게 갈리는 코들Coddle은 남은 음식을 처리하기 위해 생겨난 더블린 음식이다. 보통 돼지고기 소시지, 기름이 많은 베이컨, 양파에 양념을 넣어서 만든다. 저렴한 양고기나 소고기 부위에 당근, 양파, 감자, 구할 수 있는 아무 뿌리채소를 모조리 넣고 만드는 아일랜드 스튜와 혼동하면 안 된다.

'베이컨과 양배추Bacon and cabbage'라는 이름에서 알 수 있듯 베이컨과 양배추만 들어가는 음식이지만 집에서 직접 절인 베이컨과 적당히 삶은 양배추라면 아주 맛이 좋다.

아일랜드는 섬나라이므로 어업의 역사가 길다. 해산물은 아일랜드 요리의 주재료로 연어, 홍합, 굴, 더블린 만에서 잡히는 랑구스틴(랍스터과에 속하는 갑각류 – 옮긴이) 등은 아일랜드 사람들이 즐겨 먹는 대표적인 해산물이다. 아일랜드 전통 요리에는 항상 소다 브레드가 빠지지 않으며, 빵 위에 아일랜드 버터를 푸짐하게 발라 먹는다.

맥주인 기네스를 활용한 독특한 요리도 빼놓을 수 없다. 소고기 기네스는 아일랜드식 코코뱅(와인 속 수탉이라는 뜻의 프랑스 삶은 요리-옮긴이)이라고 할 수 있다. 기네스 케이크는 기네스로 맛을 더한 진한 과일 케이크다.

술과 펍

아일랜드를 생각하면 펍이 가장 먼저 떠오를 만큼 펍은 아일랜드의 상징적인 존재가 되었지만, 아일랜드 사람들에게 펍은 술을 마시는 장소 이상의 의미를 지닌다. 역사적으로 마을과 시내에서 사람들이 모여 중요한 이야기를 나눌 수 있는 장소로써, 모두 함께 모일 수 있는 공동의 공간 역할을 했다. 시골에서는 펍이 식료품점의 역할을 겸하기도 했고, 교회와 함께 마을의 중심이 되기도 했다.

아일랜드 사람들은 오랫동안 맥주와 위스키를 즐겼지만, 와인도 수년 동안 인기를 끌면서 대중적인 음주 문화의 한 부분으로 정착했다. 대부분 펍에서 레드와인과 화이트와인을 쉽게 즐길 수 있고 전국 곳곳에 와인 바와 전문 소매점이 생기

아일랜드에서 가장 오래된 펍인 더블린의 브레이즌 헤드

고 있다. 지난 10년 동안은 '프로세코'(이탈리아에서 생산되는 스파클
링 와인으로 가볍고 청량한 스타일이 특징이다 - 옮긴이)가 특히 큰 인기를
끌었다.

아일랜드는 맥주 양조에 역사가 깊고, 독특하고 다양한 맛
의 맥주를 생산하는 것으로 유명하다. 최근 몇 년 동안 수제
맥주 시장이 크게 성장하면서 더블린이나 코크, 벨파스트 등
의 대도시에서는 바와 브루어리를 쉽게 찾을 수 있다. 소규모
양조장은 보통 독립적으로 운영하면서 독특하고 정체성이 강
한 아일랜드 맥주의 맛을 내기 위해 현지 농산물을 이용한다.
수제 맥주 시장이 자리를 잡고는 있지만, '스미딕스'나 '기네스'

같은 오랜 역사와 전통을 자랑하는 양조장은 지금도 업계 최고의 자리를 굳건히 지키고 있다.

'이시커 바허'$^{uisce\ beatha}$('생명의 물'이라는 뜻), 즉 아일랜드 위스키는 아일랜드 문화에서 중요한 위치에 있으며 유럽에서 가장 오래된 증류주 가운데 하나로 인정받고 있다. 아일랜드 위스키의 기원은 1200년대로 거슬러 올라간다. 지중해에서 돌아온 수도사들이 알코올을 증류하는 기술을 가져온 데서 시작됐다. 수 세기 동안 아일랜드 위스키 생산 방식이 발전을 거듭하면서, 마침내 1608년에 앤트림 해안에 있는 부시밀스에서 세계 최초로 공식 증류 허가를 발급받았다. 이로써 부시밀스는 전 세계에서 가장 오래된 공식 위스키 증류소로 인정을 받았다.

아일랜드 위스키는 저마다 독특한 맛이 있는지라, 펍에서 자신이 좋아하는 위스키의 이름으로 주문을 하면 된다. 부시밀스 외에도 더블린에는 존 제임슨, 코크에는 존 파워스와 패디, 로크의 킬베간이 유명하고 털러모어 듀는 달콤하고 부드러운 맛이 있어 식전주로 자주 마신다.

아일랜드 커피도 꼭 마셔볼 만하다. 아일랜드 커피는 따뜻하고 달콤한 블랙커피에 아일랜드 위스키를 넉넉히 섞고, 그 위에 생크림을 올려 마신다. 위스키를 섞어 마시는 아일랜드 커피는 엄밀히 말하면 고대 아일랜드식 술 문화는 아니고, 리머릭 부근 섀넌 포인스 항구에 있는 레스토랑의 셰프인 조 쉐리단이 만든 커피다. 그 유래가 어찌 됐든 아일랜드 커피는 식사를 마치고 마시기에 더없이 근사한 커피다.

아일랜드는 맥주 중에는 스타우트(흑맥주의 ,일종 - 옮긴이)와 포터(에일과 유사한 진한 색의 맥주 - 옮긴이)가 유명하며, 그중 기네스가 가정 널리 알려져 있다. 깊고 진한 색감과 부드럽고 독특한 거품이 일품인 기네스는 아일랜드 맥주 문화를 상징한다. 아일랜

· 포틴 ·

아일랜드 사람들은 썩 내키지 않겠지만, 아일랜드 증류주 일부는 알코올 도수가 매우 높고 투명한 포틴이라는 불법으로 증류던 데서 시작됐다. 정확한 출처는 없지만 19세기 초반 아일랜드에는 2천 개의 불법 증류소가 있었다고 한다. 아일랜드 시골에는 아직 불법으로 포틴을 증류하는 곳이 남아 있는데, 굳이 도전하지 않아도 된다. 1997년에 법이 바뀌면서 포틴을 합법적으로 증류할 수 있게 되었으므로, 포틴을 정 마시고 싶다면 공식 증류소에서 위생적으로 만든 포틴을 판매하는 술집에서 마시는 게 좋다.

드에서는 기네스가 국민 맥주라는 인식이 있는데, 기네스 외에도 비슷한 흑맥주가 많다. 비미쉬와 머피스도 충성도 높은 소비자층을 보유하고 있다.

아일랜드에서는 기네스를 '포터' 또는 '스타우트'라고 부르는 경우가 많은데, 사실 포터는 아일랜드가 아니라 런던에서 개발한 맥주였다. 무엇보다 값이 저렴했으며 맥주잔 안에 보일 수 있는 불순물 등을 가리기 위해 진하게 볶아 색이 어두운 보리를 사용했다. 항구에서 일하는 짐꾼들이 주로 마셨기에 '포터'라는 이름이 붙었다. 1759년 아서 기네스가 성 트패릭 게이트에 아무도 사용하지 않던 양조장을 9000년 임대계약을 하면서 그 역사가 시작됐다. 처음에는 에일 맥주를 양조하다가, 1770년대 들어서 포터라는 새로운 영국식 맥주를 양조하기 시작했다. 새로운 영국식 맥주가 크게 성공하면서 아서 기네스는 에일 맥주를 중단하고 검은 맥주인 포터에만 집중하기로 했다. 후에 런던 코번트가든에서 일하는 짐꾼들이 훨씬 좋은 맥주를 마신다는 소식을 듣고 아서 기네스는 더 강한 맥주, 즉 스타우트를 만들었다.

오늘날 기네스는 전 세계 사람들이 즐기는 맥주이며 기네스 브랜드 자체가 하나의 전설이 됐다. 아일랜드를 상징하는 하프가 기네스의 정체성을 나타내는 핵심이 되었고, 1876년에 정식 상표로 등록됐다.

1922년 아일랜드 자유국은 영국 연방에서 독립하면서 기네스와 같은 하프 문양을 국장으로 채택했다.

잘 알려지지는 않았지만, 아일랜드 자유국의 국장 하프는 기네스 상표권을 침해하지 않기 위해 기네스 하프와 반대 방향을 향하고 있다.

숙련된 아일랜드 바텐더가 기네스 드래프트를 제대로 된 방법으로 정확하게 따르는 모습을 보는 것 자체로 하나의 멋진 경험이 된다. 기네스 드래프트를 제대로 따르려면 5분 동

· 기네스의 선행 ·

극작가 브렌던 비언이 명성을 얻고 나서 기네스 가문의 도움을 받은 적이 있다. 하루는 기네스 가문이 베푼 선행에 관해 이야기하던 중에 누군가 "아일랜드의 저소득 계층을 위해 기네스 가문에서 많은 선행을 베풀었지"라는 말을 하자, 브렌던 비언은 이렇게 응수했다. "맞아, 근데 아일랜드 사람들이 기네스 가문을 위해 한 일에 비하면 아무것도 아니야."

좋은 일에는 시간이 필요한 법, 바텐더가 기네스를 전통 방식대로 따르기 위해 잔을 식히고 있다.

안 두 번 나누어 따르기(맥주잔을 45도로 기울인 다음 하프 로고까지 한 번 따르고 다시 잔을 세워서 마저 따르는 방법이다. 기네스 드래프트를 가장 좋은 맛으로 즐길 수 있다는 '퍼펙트 파인' 방법 - 옮긴이)를 한 후 상아처럼 보이는 플라스틱 도구로 맥주잔 위에 거품을 매끄럽게 정리한다. 드루이드 시절에 하던 종교의식 같다고 생각할 수도 있지만, 기네스 드래프트는 1959년이 되어서야 즐길 수 있었고, 이전에는 맥주는 병으로만 마실 수 있었다.

아일랜드의 스타우트 맥주와 위스키가 독특한 맛을 낼 수 있는 이유는, 아일랜드의 맑고 깨끗한 물 덕분이라는 건 오래전부터 잘 알려진 사실이다. 기네스 맥주는 위클로 산맥에서 남부로 내려오는 물줄기로 만든다. 1588년 스페인 무적함대가 아일랜드 해안에 난파되었을 때 스페인 선원들은 아일랜드의 달콤한 물맛에 매료되어, "아일랜드 사람들은 왜 다른 걸 마시고 싶어 하는지 도무지 알 수 없다"라는 말을 남겼다고 한다.

아일랜드 펍에서 기네스나 라거를 주문하면 무조건 파인트(약 0.5리터) 잔에 나온다. 하프 파인트를 마시고 싶다면 '글라스'로 주문해야 한다.

다른 나라와 마찬가지로 아일랜드 국민의 음주 문화도 많은 변화를 겪었다. 아일랜드의 젊은 세대는 술과 관련된 유흥보다는 다른 외부 활동을 즐기는 추세다. 도수가 낮은 알코올과 '기네스 0.0' 또는 '하이네켄 0.0'처럼 무알코올 음료가 크게 인기를 끌면서 술을 마시지 않고도 펍을 즐길 수 있게 됐다.

【 술은 돌아가면서 사야 한다 】

아일랜드에서는 펍이나 모임에서 술을 살 때 한 명이 전부 부담하는 게 아니라 돌아가면서 산다(이를 'round'라고 하는데 외국에서는 일행 중 한 사람이 일행에게 술 한 잔씩을 산다. 이걸 1 round라고 한다. 2 round는 다른 사람이 일행에게 또 한 잔씩 술을 사는 것이다 - 옮긴이). 일행 전체에게 한 잔씩 술을 돌리는 '라운드round'는 이전 세대만큼 지배적인 분위기는 아니지만, 펍에서 일행과 함께 술을 마실 때 염두에 두는 편이 좋다. 다른 사람이 술을 사줬거나 일행 중 한 명이 라운드를 돌렸다면, 술을 얻어 마신 사람도 베푸는 게 좋다. 물론 일행에게 강제로 술을 사야 하는 건 아니며 라운드를 돌린다고 해서 꼭 같이 술을 마셔야 하는 건 아니다. 요즘에는 술을 안 마시거나, 본인이 마실 술은 직접 계산한다는 취향도 충분히 이해하고 수용하는 분위기이다. 비슷한 맥락에서 본인이 담배를 피울 때는 일행에게 담배를 권하는 게 일반적이다. 물론 담배를 주지 않는다고 해서 욕을 먹는 건 아니지만, 사회성이 떨어진다는 인상을 줄 수는 있다.

아일랜드의 '주류 판매 허가법'은 대체로 영국과 비슷하다. 미국이나 다른 유럽 국가 사람들의 시선에서는 제한적이라고 생각할 수도 있다. 펍이나 술집은 월요일부터 목요일까지는 오전 10시 30분부터 저녁 11시 30분까지만 문을 연다. 금요일과 토요일에는 똑같이 오전 10시 30분에 문을 열고 낮 12시 30분에 문을 닫는다. 일요일에는 낮 12시 30분부터 저녁 11시까지 문을 여는데, 일부 허가받은 펍은 새벽 2시 30분까지 영업을 하기도 한다. 18세 미만 청소년은 보호자와 함께 펍에 들어갈 수는 있지만 술은 마실 수 없다. 15세 미만 어린이는 오전

10시 30분부터 저녁 9시(5월부터 9월까지는 저녁 10시)까지만 펍에 있을 수 있으며 항상 보호자가 함께 있어야 한다. 어린이의 출입이 아예 제한된 펍도 있는데, 이런 장소는 보통 외부에서 볼 수 있도록 표시가 돼 있다.

【 아일랜드 사람들은 술을 많이 마시지 않는다 】

아일랜드 음주 문화를 둘러싼 거칠고 야성적인 이미지는 말 그대로 이미지에 불과하다. 아일랜드 사람들은 분주하고 스트레스가 가득한 정신없는 대도시에서 벗어나 맥주 파인트나 위스키, 심지어 물 한 잔을 두고 천천히 마신다. 매일 같이 술을 마시거나 식사 때마다 반주를 즐기는 아일랜드 사람은 많지 않다. 강력한 가톨릭 금욕 운동인 성심 선구자 완전 금주 협회 The Pioneers가 아일랜드 공화국뿐만 아니라 북아일랜드에도 널리 퍼져 있다.

최근 통계 결과에 따르면 아일랜드 성인 중 11%는 한 번도 술을 마셔본 적이 없다. 여기에 25세 미만의 과음 수치가 높긴 하지만, 한 번도 술을 마셔본 적 없는 25세 미만 인구도 18%나 된다.

지난 40년 동안 아일랜드 사회에 일어난 변화는 남성 중심의 술자리 장소였던 펍이, 모든 사람이 즐길 수 있는 사회의 중심 장소로 탈바꿈한 데서 비롯됐다.

아일랜드에는 다양한 펍이 많다. 더블린에서는 아일랜드 전통 음악을 들을 수 있는 펍을 찾을 수 있고, 시골 펍들 중에는 지역 스포츠 경기가 대화의 중심이 되는 곳도 많다. 역사 애호가라면 절대 놓칠 수 없는 오랜 전통을 간직한 펍들도 있다. 아일랜드 펍 문화를 이야기할 때 게일어 단어인 '크랙craic'을 빼놓을 수 없다. 크랙은 한마디로 정의하기 어려운 개념으로 영어의 crack과 발음이 똑같지만 걱정할 필요 없다. 아일랜드에서 자주 듣는 "크랙이 좋네the craic is good"라는 말은 마약과는 전혀 관계가 없다(crack cocaine은 비교적 가격이 싸고 즉각적으로 효과를 일으키는 마약의 일종을 가리킨다 – 옮긴이). 크랙의 정확한 의미를 딱 잘라 말하기는 어렵지만, 즐거운 대화를 나눈다는 뜻은 물론이고 술과 이야기, 음악이 잘 어우러져 모두가 좋은 시간을 보내고 있는 상태를 가리키는 말로도 쓰인다.

아일랜드 사람에게 "크랙이 좋았다"라는 말은 최고의 칭찬이다. 아일랜드 펍은 '크랙'을 찾을 수 있는 최고의 장소다.

쇼핑

아일랜드 사람들은 가능하면 지역 상점에서 쇼핑하는 걸 선호한다. 지역 상점과 매주 열리는 장터를 가장 많이 이용하고, 저렴한 가격과 편리함을 위해서 독일 슈퍼마켓 체인점인 리들^{Lidl}과 알디^{Aldi}를 자주 찾는다.

최근 몇 년 사이 온라인 쇼핑의 인기가 크게 높아졌다. 코로나 19로 이동제한 조치가 시행될 당시 대다수 오프라인 상점은 비필수 업종으로 분류되어 문을 열 수 없었기 때문에, 소비자들은 자연스레 온라인 쇼핑을 선택할 수밖에 없었다. 이후 오프라인 매장이 다시 영업을 재개했지만, 많은 사람이 편리함과 더 많은 선택지가 있는 온라인 쇼핑을 계속 이용하고 있다.

아일랜드에서는 미국처럼 할인 행사의 규모가 크지 않고 자주 있는 일도 아니다. 소비자들은 물건을 싸게 살 수 있는 크리스마스와 1월 할인 행사를 주로 이용한다. 아일랜드에서는 추수감사절을 지내지 않는데도 최근 몇 년 동안 블랙 프라이데이 할인 행사가 크게 인기를 끌고 있다.

아일랜드 사람들은 비교적 의식이 높은 소비자들이다. 최근에는 지속 가능성과 윤리적 소비에 관한 관심이 높아지면서 소비문화에 영향을 끼치고 있다. 친환경과 현지 생산 상품이 인기를 끌고 있으며 기꺼이 더 많은 돈을 내고 친환경 제품을 택하는 사람들도 늘어나고 있다.

계산 방법에도 변화가 일고 있다. 아직은 현금으로 계산할 수 있는 곳이 많지만, 대부분 현금을 사용하지 않고 은행 카드나 스마트폰에 설치한 전자 지갑을 사용한다.

현금을 선호하는 사람들은 카드 결제만 가능한 레스토랑이나 카페에서 당황할 수 있지만, 이런 곳은 대부분 입구에 안내가 돼 있다.

스포츠

아일랜드에서 기업 간 교류가 활발해지면서 비즈니스로 아일랜드를 방문한 사람들이 스포츠 경기에 초대받는 일이 점점 더 많아지고 있다. 스포츠는 아일랜드 사회에서 중요한 역할을 하기 때문이다. 골프나 낚시처럼 격식 없이 편안한 자리에서 시간을 보낸다면 아일랜드 사람들과 자연스럽게 친해질 수 있다.

아일랜드 사람들은 스포츠 경기 관람에도 열정적이다. 국가 대항전이 열리면 거리가 한산해질 정도다. 유명 경마 시합에 관심을 두는 사람도 많고 소소하게 돈을 거는 사람도 있다.

[경마]

아일랜드에서는 경마에 관여하는 것 자체가 지위가 높다는 의미이며, 돈을 거는 것도 계층을 막론하고 사회에서 수용하는 분위기가 강하다. 실제로 아일랜드 사람들은 종목을 가리지 않고 스포츠를 좋아하지만, 특히 말을 좋아한다. 티퍼레리, 리머릭, 킬데어 등에서 주로 말을 사육하고 전 세계 암말들을 들여와 아일랜드에서 교배를 시킨다. 교배 산업으로 연간 약 24억 6천 유로를 벌어들이며, 순혈종 종마의 소유주는 세금을 면제받는다.

아일랜드 사람들의 경마 사랑은 26개에 달하는 경마장 수만 봐도 알 수 있다. 이들 경마장 대부분은 아일랜드 공화국에 있으며 매년 경마장을 찾는 사람이 100만 명이 넘는다. 킬데어 주 커라흐에서는 6월 말부터 7월 초까지 아이리시 더비 등 클래식 플랫 레이스가 개최된다. 플랫 레이스(점프나 장애물이 없이 달리는 경주-옮긴이)는 보통 3월 중순부터 11월 중순 사이에

와일드 애틀랜틱 웨이에서 경주하는 기수들

진행되지만, 말이 울타리를 넘는 내셔널 헌트 레이싱(스티플체이스)은 일 년 내내 개최된다. 아일랜드 사람들은 스티플체이스가 아일랜드에서 시작되었다고 주장한다. 대표적인 스티플체이스 경기인 아이리시 그랜드내셔널은 부활절 다음 월요일에 더블린에 있는 페어리하우스 경마장에서 열린다. 아일랜드에서 열리는 경마 중 가장 흥겨운 축제는 4월에 열리는 펀치스타운 페스티벌이다.

【 그레이하운드 레이싱 】

그레이하운드(몸이 가늘고 매우 빨리는 사냥개 종으로 최대 시속이 72km

이다-옮긴이) 레이싱은 경마의 서민 버전이라고 할 수 있다. 아일랜드에서 최초로 공식 그레이하운드 레이스가 시작된 건 1920년대 후반으로, 이때 이후로 아일랜드에서 인기 종목으로 자리매김 해 열성 팬과 도박꾼을 끌어들이고 있다.

아일랜드에는 총 17개의 그레이하운드 경기장이 있으며 이 가운데 2곳은 북아일랜드에 있다. 북아일랜드 앤트림 주 램벡에 위치한 드럼보 파크 그레이하운드 경기장에서는 매년 그레이하운드 레이싱이 열린다. 아마 주의 루간에는 전설적인 명견으로 기억되는 그레이하운드, 맥그래스 마스터의 조각상이 있다. 최근 그레이하운드 레이싱은 견종 보호 차원에서 동물 복지 기관의 엄격한 감독을 받고 있다. 부적절한 사육 환경과 학대 사례가 적발되면서 보다 강화된 규정과 관리 체계가 마련됐다. 이에 따라 아일랜드 정부는 2019년 제정된 「그레이하운드 레이싱법」을 통해 아일랜드 그레이하운드 경주 협회를 설립하고, 관련 복지법에 따라 철저한 감시와 감독을 시행하고 있다.

【축구】

축구는 아일랜드에서 가장 인기가 많은 팀 경기 중 하나로 아일랜드 축구팀은 상당한 실력을 자랑한다. 아일랜드에는 샴록 로버스 FC(더블린), 둔달크 FC, 셸부른 FC(더블린), 린필드 FC(벨파스트) 등 뛰어난 축구 구단이 많지만, 아일랜드 국가 대표 선수 대부분이 영국이나 스코틀랜드 팀에서 뛰고 있다.

아일랜드 축구팬들 상당수는 영국 프리미어리그 (대체로 경기력 평가가 좋은) 팀을 응원하는데 그중에서도 리버풀이 단연 인기가 가장 많다. 리버풀 인구의 절반은 아일랜드 혈통으로 추정된다.

축구는 북아일랜드에서도 인기가 많지만, 수년 동안 계속된 종파 갈등으로 얼룩지고 말았다. 전통적으로 북아일랜드에서 레인저스 FC 팬들은 개신교인 반면, 셀틱 FC 팬들은 거의 가톨릭 신자다. 북아일랜드에서 태어나 유소년 대표팀에서 뛰던 젊은 선수들이 아일랜드 공화국 국가 대표팀으로 이적하는 문제 역시 논란의 대상이다. 일반적으로 국가주의자들은 아일랜드 공화국 대표팀을 응원하고 연합 주의자들은 북아일랜드 대표팀을 응원한다.

【럭비】

럭비는 간혹 중산계층의 스포츠라는 인식이 있지만, 아일랜드 럭비팀이 국제 경기를 할 때면 온 국민이 함께 시합을 보며 응원한다. 아일랜드 럭비 국가 대표팀은 아일랜드 공화국과 북아일랜드를 나누지 않고 하나의 팀을 이룬다. 대표팀은 매년 식스네이션스챔피언십(럭비 강국인 잉글랜드, 프랑스, 아일랜드, 이탈리아, 스코틀랜드, 웨일스 6개국이 참가해 겨루는 대회로 가장 권위가 있는 대회로 손꼽힌다-옮긴이)에 참가하는데 2009년과 2014년, 2015년, 2018년, 총 4번의 우승을 거머쥐었다.

【 게일식 축구와 헐링 】

아일랜드 공화국에서 가장 인기가 많은 스포츠는 게일식 축구와 헐링으로, 가장 많은 관중 수를 자랑하는 경기이기도 하다. 게일식 축구 경기의 역대 최다 관중 수는 전 아일랜드를 통틀어, 1961년 9만 556명을 기록했다.

더블린에 있는 크로크 파크는 국제 럭비 경기의 본거지이기도 하지만, 아일랜드 전통 스포츠의 심장부 역할을 하는 곳이기도 하다. 크로크 파크는 8만 2,300명을 수용할 수 있으며, 유럽에서 세 번째로 큰 규모를 자랑하며, 비즈니스 손님을 위한 68개의 전용 스위트룸까지 갖추고 있다. 전통 스포츠는 아일랜드 국민 정서에 중요한 부분을 차지하고 있으므로 조금이

격렬한 신체 접촉이 허용되는 게일식 축구

라도 관심을 보인다면 아일랜드 사람들에게 좋은 인상을 남길 수 있다. 심지어 감동하는 사람들도 있을 것이다.

헐링은 진정한 아일랜드 스포츠라고 할 수 있으며 고대 때부터 전해져 오고 있다. 성 패트릭이 아일랜드에 기독교를 전파하기 전부터 즐기던 게임으로 아일랜드 전설에 등장하는 영웅들의 스포츠였다. 쿠 훌린^{Cú chulainn}(쿨렌의 사냥개라는 뜻)이라는 이름은 사나운 경비견의 목에 헐링 공은 집어넣어 죽인 뒤 붙여진 이름이다. 현대 헐링 경기는 총 15명이 한 팀으로 구성된다. 경기 속도 진행 속도가 빠르고 기술이 필요하며 부상 위험도 크다. 헐링의 원래 이름인 바레 보이셰^{baire boise}는 '모의전쟁'

이라는 뜻이다. 초기 아일랜드 법률 체계였던 브레혼 법에서는 헐링 경기로 인한 사고에 대한 보상법이 명시되어 있었고, 헐링 경기로 인한 부상, 심지어 사망 사례에 관한 조항도 있었다.

헐링을 하키와 비교할 수는 없지만, 하키 스틱과 비슷하게 생긴 '헐리'라는 무거운 장비를 들고 경기를 하므로 부상이 많을 수밖에 없다. 헐리 스틱은 날이 넓어서 선수가 공을 치기 편하게 되어 있다. 골대는 럭비와 비슷하고 공이 골대의 가로대를 넘어가거나 밑으로 들어가면 득점이다. 한 골을 넘으면 3점을 획득한다.

게일 스포츠의 부흥은 국가주의 운동의 중요한 축을 담당했다. 게일운동협회The Gaelic Athletic Association는 1884년 티퍼레리 주 털레스의 남성 주민들이 세운 아마추어 스포츠 협회이며, 크로크 파크는 후원자 중의 한 명인 대주교 크로크의 이름을 따서 지었다. 대주교 크로크는 뉴질랜드 2대 가톨릭 주교였으며 이후에 아일랜드 캐셜의 대주교를 지냈다.

아일랜드 전통 경기는 아일랜드 농부들이 유일하게 쉴 수 있는 일요일에 열렸다. 평일에는 영국 식민 당국의 법에 따라 스포츠 경기가 금지되어 있었다.

게일식 축구는 15명이 팀을 이루고 같은 골대를 쓴다는 점에서 헐링과 비슷하다. 공이 골대의 가로대를 넘어가거나 밑으로 들어가면 득점할 수 있다. 헐링 경기의 공은 축구공과 생김새가 비슷하고 발로 차거나 손으로 던질 수 있다. 공이 골대 가로대를 넘어가면 1점을 득점하고 네트를 통과하면 3점을 득점하게 된다. 현재 가장 큰 아일랜드 스포츠 경기는 크로크 파크에서 개최되는 전 아일랜드 게일 축구 결승전으로 우승팀은 샘 매과이어 컵을 수여받는다.

영국과 북아메리카, 중동, 아시아 등 전 세계에 400개의 게일운동협회가 있으며 아일랜드 전역에는 추가로 2,200개의 스포츠 클럽이 있다. 전 세계적으로 게일 축구와 헐링을 즐기는 인구는 각각 25만 명에 이른다. 헐링의 여성 버전인 '카모기camogie'는 약 10만 명의 여성이 즐기고 있으며, 카모기에서는 더 작은 스틱과 가벼운 공을 사용하고 신체 접촉과 태클에 관한 규칙도 헐링과 다소 다르다.

주(카운티) 간 경기 분위기는 항상 선의가 넘치고, 전 아일랜드 게일 축구 결승전은 특히나 즐거운 '크랙'이 넘친다.

밴드가 연주하고 아일랜드 대통령이 시축한다. 관중들은 어느 팀이든 멋진 플레이에는 아낌없이 박수를 보낸다. 축구 경기에서 흔히 볼 수 있는 상대 팀 간의 적대감은 찾아볼 수 없다.

【 드레스 코드 】

일반 관중은 경기장에 알맞은 옷차림에 관해 신경 쓰지 않아도 되지만, 특별히 초대받은 손님이라면 옷을 갖춰 입어야 한다. 남자는 정장이나 스포츠 재킷에 브로그 같은 신발을 신으면 된다. 여자는 칵테일 드레스나 정장 느낌의 투피스 스타일이라면 무난하다. 중요한 스포츠 행사는 무도회처럼 격식을 갖춘 모임으로 이어지는 경우가 있는데, 이때 남자는 턱시도를 입고 여자는 그에 맞는 드레스 차림을 해야 한다. 주최 측에서도 드레스 코드에 관한 사전 공지를 반드시 해야 한다.

【 골프 】

골프는 아일랜드에서 가장 인기가 많은 스포츠 휴양 산업으로 성장했으며 매년 약 3억 유로의 경제 효과를 낳고 있다. 아일랜드 전역에 405개의 골프 코스가 등록되어 있다. 이 중 대략 350개는 18홀 코스를 갖추고 있으며, 9홀짜리 코스도 여러 개 보유하고 있다. 주요 국제 토너먼트가 열리는 코스부터 염소와 양을 쫓아가며 공을 치는 코스까지 다양하다.

【 아이리시 로드 볼링 】

아일랜드의 두 지역, 코크 주와 아마 주에서만 즐기는 독특한 스포츠가 하나 있다. 아이리시 로드 볼링이라 불리는 이 경기는 작은 철제 공을 시골의 도로 위에서 1~3.5km 정도 굴리는 게임이다. 골프와 비슷하게 가장 적은 횟수로 공을 굴려서 결승선에 먼저 도착하는 선수가 이기는 게임이다. 1689년 윌리엄 오렌지 공이 아일랜드에 도착했을 때 네덜란드의 군인들이 시작한 게임이라는 이야기가 있다. 로드 볼링과 비슷한 무어 볼링^{Moors bowling}(로드 볼링과 비슷한 방식으로 금속 공을 최대한 멀리 정확하게 던지는 게임 - 옮긴이)은 지금도 네덜란드에서 즐기는 스포츠다.

【 기타 스포츠 】

아일랜드에서는 테니스나 배드민턴 등 다른 스포츠도 충분히 즐길 수 있다. 이런 종목의 복장 규정은 영국이나 미국과 크게 다르지 않다.

【 낚시 】

섬 안팎으로 물이 많고 유럽에서 가장 깨끗하고 맑은 강과 호수가 있는 아일랜드는, 북아일랜드와 아일랜드 공화국의 모든 낚시꾼들에게 그야말로 지상 낙원과 같은 곳이다.

해안선이 좋고 강과 호수가 풍부하며 수양 생물 종이 다양한 아일랜드에서는 낚시가 오랫동안 소중한 전통으로 자리매김을 해왔다. 과거에는 여러 지역 사회의 생계를 책임지는 데 중요한 역할을 했으며, 오늘날에도 대중적인 여가 활동이자 경제 활동으로 이어지고 있다.

아일랜드에서 스포츠 낚시와 잡어 낚시 모두 인기가 많지만, 심해 낚시를 좋아하는 사람들은 전세 보트로 연안 지역에서 낚시를 즐길 수 있다. 아일랜드 전역에서는 연중 다양한 낚시 축제가 열리며 국내외 낚시 애호가들이 낚시를 즐기기 위해 아일랜드를 찾는다. 아일랜드에서 낚시를 즐기기 전 낚시 규정을 숙지하고 필요한 허가나 라이선스를 취득해야 한다.

07

여행 이모저모

아일랜드 공화국에는 섀넌, 더블린, 코크, 케리, 노크, 총 다섯 개의 국제공항이 있고 북아일랜드에는 벨파스트 시티, 데리 시티, 벨파스트 인터내셔널, 총 3개의 국제공항이 있다. 모든 공항에는 목적지까지 신속하게 태워다줄 택시가 항상 대기하고 있다. 택시 요금이 부담된다면 장거리 버스나 시내버스를 이용해도 된다.

다른 유럽 국가와 비교하면 아일랜드는 대중교통이 발달한 편은 아니다. 더블린 시내에는 이동 수단이 다양하지만, 대도시를 벗어나면 상황이 전혀 다르다. 아일랜드의 대중교통은 대체로 시간에 맞춰 도착하지 않기 때문에, 약속이나 회의 등 시간을 맞춰야 하는 일정이 있다면 미리 서둘러 나서는 것이 좋다.

아일랜드 입국

아일랜드 공화국에는 섀넌, 더블린, 코크, 케리, 노크 총 다섯 개의 국제공항이 있고, 북아일랜드에는 벨파스트 시티, 데리 시티, 벨파스트 인터내셔널, 총 3개의 국제공항이 있다. 모든 공항에는 목적지까지 신속하게 태워다줄 택시가 항상 대기하고 있다. 택시 요금이 부담된다면 장거리 버스나 시내버스를 이용해도 된다. 공항 직행버스는 더블린 공항에서 출발해 코크, 벨파스트, 골웨이까지 가는 노선을 운행하며 더블린 시티 센터를 거쳐 더블린 남부와 위클로까지 이어지는 세 개 노선을 운행한다. 아일랜드는 일곱 개의 항구가 있으며, 주요 항구는 코크와 더블린에 있다.

대중교통

아일랜드에서 대중교통을 이용할 예정이라면 TFI리프카드^{TFI} ^{Leap Card}를 미리 구매하는 게 좋다. 선불 교통 카드가 가장 편리하고 비용을 절감하는 방법이며, 스파^{SPAR}나 센트라^{Centra} 같은 편의점에서 손쉽게 구매할 수 있다. TFI 라이브 앱^{TFI Live}을 이용하면 미리 여행 경로를 짤 수 있다.

더블린의 TFI 버스

【 더블린 버스 】

더블린 버스는 더블린 시내에서 136개의 중·단거리 노선을 운행하는 버스 회사로 승객들은 오전 5시부터 자정까지 서비스를 이용할 수 있다. 더블린에 12개의 버스 노선을 운행하는 나이트링크^{Nitelink}도 더블린 버스에서 운영하고 있다. 나이트링크는 매주 금요일과 토요일 자정부터 새벽 4시까지 이용할 수 있다. 더블린 시내에서 버스 대중교통을 이용하기 위해서는 리프카드(버스 탑승 시 단말기에 태그하는 방식)를 구매하거나, 거스름돈

더블린의 역사적인 중앙 우체국 앞을 지나는 루아스 트램

을 받을 수 없으므로 정확한 요금을 동전으로 내야 한다.

【 루아스 】

게일어로 속력을 의미하는 루아스^{Luas}는 더블린 시내를 오가는 트램 시스템이다. 더블린 남부 지역을 운행하는 그린 라인과 북부 지역을 운행하는 레드 라인, 총 두 개의 라인을 운영하며 더블린 시내 중심가에서 두 노선이 교차한다. 리프카드를 이용한다면 루아스 트램을 탈 때 단말기에 태그를 하면 된다. 리프카드가 없다면 정류장에서 트램 티켓을 구매할 수 있다. 트램 라인에 종종 소매치기가 등장하므로 소지품을 분실하지 않도록 유의해야 한다.

【 다트 】

다트^{DART, Dublin Area Rapid Transit}는 쉽고 빠르게 더블린을 여행할 수 있는 대중교통 수단 중 하나로 전기 레일 시스템이다. 더블린 해안선을 따라 총 31개의 다트 정류장이 있으며 더블린 시내를 도는 노선이 운행된다. 아일랜드 해안을 따라 더블린 북부의 호스^{Howth}에서 시작해 위클로 그레이스톤즈까지 운행하며 약 10분 간격으로 열차가 온다.

【 택시 】

더블린 같은 대도시에서는 낮 동안에는 택시를 쉽게 잡을 수 있지만, 밤에는 다르다. 택시를 탈 때는 프리나우^{Freenow}나 우버^{Uber}, 볼트^{Bolt} 같은 앱을 통해 예약하거나 길에서 손을 들어 택시를 잡을 수 있다. 투숙 중인 호텔에 부탁해서 택시를 불러 달라고 할 수도 있다. 차량 위에 있는 표시등에 불이 들어와 있으면 빈 택시라는 뜻이므로 손을 들고 세워서 타면 된다. 택시를 잡기 위해 손을 뻗었을 때 손님을 태울 수 있다면 앞에 와서 멈출 것이다. 2022년 9월을 기준으로 아일랜드의 모든 택시는 현금뿐만 아니라 신용카드와 체크카드 결제가 가능

해졌다. 택시 기사에게 팁을 줘야 하는 건 아니고 어디까지나 본인의 선의에 따라 결정하면 된다. 작은 마을에서는 택시를 잡기 어려울 수 있으므로 현지 사람에게 택시 회사를 추천해 달라고 부탁하거나 지역 내에 개인 운전자가 있는지 물어보는 게 좋다.

【 자전거 】

더블린에서는 더블린 공공 자전거 대여 제도에 따라 1일권 또는 3일권을 구매해 자전거를 빌릴 수 있다. 티켓을 구매하면 처음 30분은 무료로 탈 수 있다. 더블린 바이크 웹사이트나 자전거 대여소에 설치된 단말기를 통해 구매할 수 있다. 3일권 티켓에는 신원 확인용 ID가 내장된 카드여서, 자전거를 대여할 때마다 카드를 사용해 인증해야 한다. 자전거를 대여할 때는 카드가 필요하므로 항상 소지해야 한다.

도시 간 버스

【 아일랜드 철도 】

아일랜드 철도는 아일랜드 전역의 철도를 운영하는 국영 회사

해 질 녘에 승객을 태우고 골웨이를 출발하는 열차

로 인터시티(도시 간), 커뮤터(통근), 다트뿐만 아니라 화물 열차까지 책임지고 있다. 인터시티 철도는 더블린과 벨파스트, 슬라이고, 발리나, 웨스트포트, 골웨이, 리머릭, 에니스, 트랄리, 코트 등을 연결한다. 그레이스톤즈와 호스, 말라하이드를 오가는 다트는 더블린 지역의 고리, 드로그헤다, 메이누스, 킬데어 방향의 통근 열차도 운영하고 있다.

[버스 에이렌]

버스 에이렌은 코크, 골웨이, 리머릭, 워터퍼드를 오가는 아일랜드의 국영 버스 회사로, 아일랜드 전역을 여행할 때는 버스

에이렌이 운영하는 통근버스 및 도시 간 버스를 편리하게 이용할 수 있다. 버스 에이렌은 통근, 농촌, 도시, 시내 노선 등 일상 교통 서비스뿐만 아니라 공항 이동 노선까지 운영하고 있다. 이 밖에도 아일랜드 서부 해안을 따라 숨은 명소를 여행할 수 있는 와일드 애틀랜틱 웨이 노선도 이용할 수 있다.

【 자동차 렌트 】

아일랜드를 여행할 때 렌터카를 이용하면 대중교통이 가지 않는 장소까지 속속들이 즐길 수 있다. 아일랜드에는 수동 자동차가 많지만, 대다수 렌터카 회사에는 오토 차량도 많으므로 원한다면 얼마든지 선택할 수 있다. 자동차 사고나 파손을 대비해 렌터카 회사에서 보험을 드는 게 좋다. 차를 렌트할 계획이라면 도시에는 주차 공간이 부족하고 대부분 유료라는 점을 염두에 두어야 한다.

【 도로 】

아일랜드에서는 좌측통행을 하며 시골 지역의 도로는 도시와 비교하면 간격이 좁아 주의가 필요하다. 곳곳에 로터리가 많아 익숙해지기 전까지는 혼란스러울 수 있으므로 서두르지 말고 교통의 흐름을 살피며 운전해야 한다. 북아일랜드와 아일랜드 공화국 모두 고속도로는 'M' 자로 표시되어 있다. 아일랜드에서는 고속도로 통행료를 내야 하는데, 동전이나 신용카드, 체크카드로 지불할 수 있다. 도로 위 주유소가 사실상 휴게소와 비슷하지만, 편리하지는 않다. 차에 기름을 넣거나 화장실을 이용할 생각이라면 운전 중에 보이는 주유소에 일단 들르는 게 좋다. 다음 주유소가 언제 나올지 모르기 때문이다.

숙박

아일랜드에서는 여행 목적이나 예산에 따라 도시나 시골에 상관없이 다양한 형태의 숙박 시설을 선택할 수 있다. 더블린, 코크, 골웨이 같은 대도시에서는 예산에 맞는 다양한 호텔이 있으며 대다수 호텔에는 레스토랑, 바, 헬스클럽, 회의실 등 여러 부대시설이 포함되어 있다. 비용을 절약하고 싶은 여행객이라면 도미토리 스타일이나 개인실을 저렴하게 이용할 수 있는 호스텔을 선택할 수 있다. 하지만 예산과 부대시설을 제외하더라도 호스텔에서는 다른 여행자들과 자연스럽게 교류할 수 있다는 장점이 있으며, 공용 공간과 다양한 소셜 프로그램이 마련되어 있다.

아일랜드에서 오래 머물 예정이거나 더 넓은 공간을 원한다면 서비스 아파트가 좋은 선택이 될 수 있다. 서비스 아파트는 내 집처럼 편하게 지내면서 호텔 서비스의 편리함도 누릴 수 있는 곳이다. 에어비앤비를 이용한다면 아일랜드 전역에 있는 전통 주택이나 아파트를 선택할 수 있다. 지역 주민이 운영하는 숙박 시설에 묵는다면 기억에 남을 만한 추억을 쌓거나 좋은 여행지를 추천받을 수 있다.

건강

아일랜드의 의료 서비스는 세계적으로 우수한 수준이며 모든 시민과 합법적인 거주자라면 누구나 혜택을 누릴 수 있다. 아일랜드는 공적 자금으로 운영되는 국가 의료 제도를 운영하고 있으며 모든 공공 의료 서비스를 제공한다. 일정 이상 자격을 갖춘 개인은 국가 의료 제도를 통해 의료 혜택을 받을 수 있지만, 단기로 아일랜드를 방문하는 여행객이라는 예기치 못한 의료비용을 예방하는 차원에서 여행자 보험에 가입하는 게 좋다. 구급차가 필요한 상황이라면 112나 999로 신고해야 하며 응급실은 연중무휴 24시간 운영된다. 아일랜드는 단기 여행자가 유념해야 할 건강상의 위험 요소나 풍토병이 없는 안전한 여행지다. 여행 중에 가벼운 증상이 있을 때는 현지 약국에서 처방전 없이 일반 의약품을 구입하거나 간단한 복약 지도를 받을 수 있다.

안전

아일랜드는 안전하고 평화로운 나라이며 2024년 세계 평화 지수에서 전 세계 2위의 평화로운 나라로, 13위의 안전한 나라로 선정됐다. 아일랜드는 다른 유럽 국가와 비교하면 전반적으로 범죄율이 낮고 강력 범죄율이 낮아 여행하기 좋은 나라다. 다만 지역에 따라 범죄율이 크게 차이 나는데, 일반적으로 대도시는 작은 도시나 시골 직역과 비교하면 조금 더 높은 수준이다. 여느 나라의 수도와 마찬가지로 더블린은 도시 규모가 크고 인구 밀도가 높아 다른 지역보다 범죄율이 다소 높은 편이다. 어느 나라를 여행할 때든 귀중품은 항상 손이 닿는 곳에 보관하고 주변 상황을 잘 살피는 등 기본적인 안전 수칙을 지키는 것이 중요하다. 이 밖에도 택시를 탈 때는 정식 면허를 발급받은 택시인지 반드시 확인해야 한다. 면허증을 소유한 택시라면 승객이 볼 수 있는 곳에 면허증과 미터기가 있다.

경찰에 신고할 때는 999번이나 112로 신고한다. 어느 번호로 신고를 하든 경찰, 구급차, 소방서 등 응급 구조 서비스로 연결된다. 아일랜드의 응급 구조 서비스는 신뢰할 수 있으며 신속하게 대응한다. 훈련받은 전문 인력이 24시간 대기하고 있어 언제든 도움을 받을 수 있다.

08

비즈니스 현황

아일랜드의 기술 산업은 다국적 기업들이 주도하고 있다. 투자수익률이 평균보다 높고 노동 인구의 교육 수준도 높으며 무엇보다 경쟁력 있는 낮은 법인세율 덕분에 다국적 기업들이 아일랜드를 선택하고 있다. 이와 같은 요인들 덕분에 아일랜드는 제약, 의료 기기, 컴퓨터 하드웨어와 소프트웨어를 포함한 기술 관련 재화와 서비스 분야에서 세계 최대 수출국으로 자리매김했다.

아일랜드 공화국의 경제

1995년부터 2007년까지는 아일랜드 경제가 급속히 성장한 시기로, 이때 아일랜드는 '켈트의 호랑이'라는 별명으로 불렸다. 아일랜드는 기존의 농업 중심의 경제 구조에서 벗어나 수출 주도형 경제로 전환하고 기술, 제약, 서비스 산업에 주력한 결과 연평균 9.4%라는 경이로운 경제 성장률을 기록했다. 이렇게 급성장했지만 부동산 가격 거품이 형성되었고, 2007~2008년 미국과 유럽의 금융위기까지 겹치면서 부동산 거품은 결국 붕괴하고 말았다. 아일랜드 정부는 위기에 제대로 대처하지 못했고 결국 유럽연합으로부터 640억 유로의 구제 금융을 받기 이르렀다.

2010년까지 아일랜드의 GDP 성장률은 -0.4%로 떨어졌고 공공 수지 적자는 GDP의 32.4%에 달해 유럽연합 회원국 중에 가장 큰 규모였다. 같은 해 정부 부채는 GDP의 96.2%로 급증하면서 유럽연합 회원국 중에 네 번째로 높은 부채 비율을 기록했다. 불과 3년 전만 해도 25% 수준에 불과했던 수치였다. 유럽연합과 IMF의 구제 금융, 정부 지출 축소, 세금 인상 등 각고의 노력 끝에 아일랜드의 경제는 2014년 무렵 안정

괘도에 들어올 수 있었다. 주택 시장 붕괴와 막대한 국가 부채의 여파를 겪었지만, 현재 아일랜드 경제는 회복을 넘어 안정적인 성장세를 이어가고 있다.

아일랜드의 주요 무역 상대는 영국과 미국이며, 이 외에도 독일, 프랑스, 벨기에 등 유럽연합 국가들과 중국, 스위스 등과도 활발한 무역 활동을 이어가고 있다. 이 가운데 미국은 아일랜드의 최대 수출 시장이며 영국과 유럽연합이 그 뒤를 잇는다. 아일랜드 경제는 규모가 큰 제약 산업 덕분에 다른 나라보다 코로나 19 팬데믹의 직격탄을 맞지 않고 견딜 수 있었으며, 현재는 러시아의 우크라이나 침공에 따른 에너지 가격 상승과 인플레이션에 탄력적으로 대응하고 있다. 실업률 역시 전반적으로 5% 미만으로 낮은 수준을 유지하고 있다.

【 아일랜드 공화국의 GDP 】

국내총생산, 즉 GDP는 한 국가의 경제 규모와 총 경제 활동을 측정할 수 있는 수단으로 해당 국가의 경제가 얼마나 성장하고 있는지 알려주는 결정적인 지표이기도 하다. 2023년 GDP 통계에 따르면 아일랜드의 경제는 2012년 이후 처음으로 마이너스 성장을 겪으면서 경제 규모가 3.2% 감소했다.

더블린의 리피 강이 내려다보이는 도클랜드에 위치한 중앙은행의 현대적 건축물

2021년과 2022년에 각각 13.5%, 9.9%씩 경제 성장을 달성한 이후에 마이너스 성장을 기록했다. 아일랜드 경제가 하락한 데는 여러 가지 원인이 복잡하게 얽혀 있지만, 제약 산업 등 핵심 분야의 수출 둔화가 결정적이었다. 제약 산업 한 분야에서만 아일랜드 노동력의 2%를 담당하고 있다.

코로나 19 팬데믹 기간에 올린 제약 분야의 수출은 아일랜드 경제에 크게 이바지했으나 이후 수요가 감소하면서 전반적인 경제 성과에 부정적인 영향을 미쳤다. 제약 산업이 속한 더 넓은 산업 부문 전체는 2023년에 11% 감소했다.

제약 산업 외에도 아일랜드의 주요 산업 분야에는 정보 통신, 공공 행정, 교육, 보건 등이 있으며, 이들 분야는 2023년에 위축세를 보였다. 반면 예술, 엔터테인먼트, 호텔, 레스토랑 등은 인플레이션이 증가했는데도 오히려 성장세를 보였다.

2023년에는 약 600만 명의 관광객이 아일랜드를 찾았다. 덕분에 관광·문화·서비스 산업 등이 성장했지만, 아직 코로나 19 이전 수준까지는 회복하지 못했다.

2024년 후반에 발표된 경제지표는 긍정적인 흐름을 예측하는데, GDP도 다시 성장세로 돌아섰다. 이러한 회복은 아일랜드의 생산적이고 숙련된 노동력과 세계 수준의 대학들, 기업 친화적인 환경 덕분이었다.

【 아일랜드 경제 현황 】

아일랜드의 수출 분야는 전통적으로 아일랜드 자본을 기반으로 하는 농업, 첨단 기술과 서비스 산업에 기반한 외국 자본 중심의 새로운 산업이라는 성격이 뚜렷한 두 가지 분야로 나뉜다.

아일랜드의 토착 산업은 주로 농업, 임업, 수산업에 기반을 두고 있다. 전체 국토 7만 km^2 중에서 5만 km^2가 농업에 활용되고 있으며, 주요 농산물로는 소고기, 유제품, 보리, 감자, 밀

등이 있다. 농산물 산업은 아일랜드에서 가장 오래되고 규모가 큰 토착 수출 산업이다.

아일랜드의 기술 산업은 다국적 기업들이 주도하고 있다. 투자수익률이 평균보다 높고 노동 인구의 교육 수준도 높으며, 무엇보다 경쟁력 있는 낮은 법인세율 덕분에 다국적 기업들이 아일랜드를 선택하고 있다. 이와 같은 요인들 덕분에 아일랜드는 제약, 의료 기기, 컴퓨터 하드웨어와 소프트웨어를 포함한 기술 관련 재화와 서비스 분야에서 세계 최대 수출국으로 자리매김했다. 주요 외국인 직접 투자 기업으로는 아마존, 애플, 인텔, 존슨앤드존슨, 메타 등이 있다.

북아일랜드의 경제

2024년 기준 북아일랜드에서 서비스 산업은 전체 산업의 55%를 차지하며 가장 큰 비중을 차지한다. 서비스 산업 중에서는 경영 및 고객 서비스 분야가 전년 대비 가장 큰 폭으로 성장했으며, 총 135개 사업체가 새로 등록되어 4.3% 성장했다. 영국 연방의 다른 지역과 마찬가지로 북아일랜드에서도 가축과 유제품이 농업 생산의 대부분을 차지하며 주요 농산물은 (두말 할 것 없이) 감자, 보리, 밀 등이다. 아일랜드 공화국의 농업 종사자처럼 북아일랜드에서도 대부분 농부는 본인 소유 농장을 운영하고 있다.

2023년 북아일랜드의 2차 산업 부문은 2013년 이후 처음으로 1.4% 감소했다. 중공업은 주로 벨파스트를 기반을 두고 있지만, 데리와 몇몇 도시에도 산업 단지가 형성되어 있다. 주요 산업으로는 기계 및 장비 제조업과 식품 가공업, 전자제품 제조업 등이 있으며 항공 우주 산업과 펄프 및 제지 산업도 중요한 역할을 하고 있다.

북아일랜드 현재 세대는 제조업의 우선순위였던 직물과 선박 분야의 생산량이 감소하면서 전환이 이루어지는 과정을 목격했다. 1940년대에 타이타닉호를 건조하고 3만 5천 명의 남성 직원을 고용했던 기업 할랜드앤드울프는 2015년에 마지막으로 수익을 내고, 이듬해에 600만 파운드의 순영업손실액이 발생했다.

북아일랜드 경제는 서비스 산업이 중심을 이루며 특히 공공 부문 종사자 비율은 영국 내 다른 지역에 비해 현저히 높은 수준이다. 무엇보다 북아일랜드 전체 GDP 가운데 약 25%

가 영국 정부의 보조금에 의존하고 있다.

국제주의

아일랜드는 다양한 세제 정책과 생산적이고 유능한 노동 인구, 기업 친화적인 환경 내세워 외국 자본을 끌어들였다. 그 결과 여러 다국적 기업의 지역 본사와 제조 시설을 아일랜드에 유치할 수 있었다. 이뿐만 아니라 혁신과 기술을 적극적으로 수용해 정보 기술과 소프트웨어 개발, 생체의약품 등의 분야를 크게 성장시켰다. 유럽연합 회원국이라는 점을 활용해 단일시장에 접근하여 자국의 기업들이 다른 회원국에 재화와 서비스를 더욱 손쉽게 수출할 수 있도록 만들었다.

외국인으로서 아일랜드에서 일한다면 외국 자본이 들어간 산업 분야에서 아일랜드 동료들과 협업하는 일이 다른 서구 국가에서 겪는 업무 경험과 크게 다르지 않다는 점을 금방 느끼게 될 것이다. 아일랜드의 노동력은 젊고 컴퓨터 활용 능력이 뛰어나며 전문적인 능력을 갖추었다. 전통 산업처럼 다소 긴장이 덜 하고 경쟁적인 면이 심하지 않은 분야조차 모든 일에 성과로 답한다는 법칙이 여느 곳 못지않게 적용된다. '켈트의 호랑이' 붕괴 이후 생존을 위해 치열하게 경쟁을 겪은 만큼 이러한 경향이 더욱 뚜렷하다.

비즈니스 에티켓

격식을 차려야 하는 회의에서 아일랜드 사람들은 성별에 상관없이 모두 비즈니스 복장을 갖춰 입는다. 지나치게 편한 옷차림은 나쁜 인상을 줄 수 있고 과하게 스스럼없이 행동한다면 역시 좋은 인상을 주기는 힘들다. 기술이나 디자인 업계 등 몇몇 업계에서는 편한 옷차림이 허용되기는 하지만, 일반적으로 정장 차림이 가장 무난한 선택이다.

　서로 처음 만나는 자리에서는 악수하며 눈인사를 하는 게 일반적이다. 우호적인 관계를 형성하는 게 중요하므로 본격적인 비즈니스를 의논하기 전에 서로 안부를 주고받는 게 일반적이다. 겸손함을 보이고 예의를 갖춘다면 문제가 없지만, 특히 상사에게 지나치게 예의를 차리는 모습은 지나친 칭찬만큼이나 눈살을 찌푸리게 한다.

적극적인 영업 전략은 특히 시골 지역에서 효과가 없다. 여유를 가지고 관계를 형성해 상대방과 서로 알아가고 신뢰를 얻어야 한다. 아일랜드에서는 사업상 관계에서는 성[注]을 쓰는 게 일반적이고 명함을 쓰지 않는 회사가 많으므로 굳이 명함을 준비하지 않아도 된다.

여성의 사회 진출

아일랜드에서도 여성의 사회 진출이 많이 증가한 건 맞지만, 넘어야 할 장애물들이 남아 있다. 여러 산업 분야에서 리더 자리에 올라가는 여성들의 비율이 높아지고는 있으나, 남녀 성비를 기준으로 비교하면, 특히나 기업 이사회에 속한 고위직에는 여전히 여성의 수가 턱없이 부족하다. 다른 나라들과 마찬가지로 아일랜드도 남녀 간 임금이 격차 문제가 존재하며, 많은 아일랜드 여성이 직장과 육아를 병행하기 위해 고군분투하고 있다. 예전과 비교하면 여성들의 사회 진출이 활발해진 건 분명하지만, 진정한 평등과 대표성을 확보하기 위해서는 극복해야 할 문제가 많다.

여러 가지 난관이 있지만 직접 기업을 경영하는 여성 기업인이 꾸준히 증가하고 있다.「2021년 성별 임금 격차 정보법 Gender Pay Gap Information Act 2021」 등 아일랜드 정부의 제도적 장치로 남녀 간 임금 격차에 관한 투명성과 책임성을 높일 수 있도록 노력하고 있다. 이 법안을 통해 아일랜드에서 성별 간 임금 격차를 신고할 수 있는 법적 토대가 마련되었으며, 실제로 임금 격차가 있는 경우 각 기관이 시급에 대해 보고하도록 의무화하고 있다.

경영 스타일

아일랜드 기업들의 경영 방식은 관계 지향적이고 포용적인 통합적 접근 방식이 특징이며, 경영 관점을 구성하는 전통적인 원칙과 현대적 경영 방식이 조화를 이루는 특별한 조합을 이루고 있다. 규모가 작은 사업체에서는 대표가 최종 결정자이고 최종 권한을 가진 경우가 많지만, 격식을 차리지 않고 자유롭게 대화를 나누는 분위기 덕분에 겉으로 잘 드러나지 않는다. 지시를 내릴 때도 명령보다는 정중하게 부탁하는 경우가 많다. 영국과 마찬가지로 아일랜드 역시 의사 결정 과정이 장기적인 계획을 수립하는 방향보다는, 단기적인 관점에서 이루어지는 경향이 있다. 개인의 경영 방식은 다를 수 있지만, 아일랜드 기업 문화를 형성하는 특징과 태도들이 있다. 특히 팀워크를 발휘해야 하는 환경에서는 유연성과 융통성뿐만 아니라 친근감을 중시하고 개인적인 유대 관계를 형성하는 걸 중요하게 생각한다. 이는 이어지는 내용에서 확인할 수 있다.

회의와 협상, 의사소통

아일랜드 기업의 회의는 보통 편안하고 친근하며 다정한 분위기에서 진행되며, 문제에 대한 현실적인 접근 방식을 선호한다. 팀워크를 위한 기회이자 합의에 도달하는 과정으로 보는 경우가 많다. 업무 회의에 참석할 때는 늦지 않도록 주의한다. 지나치게 격식을 차리지 않아도 되지만, 적극적으로 참여하는 태도가 중요하다. 회의 안건은 언제든지 바뀔 수 있으며 아일랜드 사람들은 체계적이고 틀에 박힌 사고를 싫어한다. 정확한 사실만큼 아이디어도 중요하므로 상상력을 발휘해야 한다. 아일랜드 기업들은 창의력을 적극적으로 받아들이고 언제나 새로운 방식으로 문제에 접근하려고 노력하기 때문이다. 주의할 점은 대범한 태도가 언제나 환영받는 건 아니라는 것이다. 일을 처리하는 방식이 결과만큼 중요할 수 있다.

【 주의사항 】

회의에 지각해서는 안 된다. 시간을 잘 지키고 회의에 참석하는 다른 사람을 존중하는 태도를 보여줘야 한다. 회의 참석자들은 업무적으로 예의를 갖추고 있지만, 아일랜드 기업의 회의는 편안하고 친근한 분위기에서 진행된다. 직접적인 회의 안건을 논의하기 전에 가벼운 스몰 토크를 나눈다. 회의를 시작하자마자 본론을 시작하기보다는 이런 식의 스몰 토크에 참여하는 게 중요하다.

회의는 모두가 참여할 수 있는 방식으로 진행되며 자유롭게 의견을 표현할 수 있도록 동료들끼리 서로 격려하는 분위기다. 직접적이고 분명한 대화 방식이 중요하며 그룹 차원에서 합의에 도달한다. 체계적이고 매끄러운 회의 진행을 위해 안건이 필요하지만, 항상 계획대로 흘러가는 건 아니다. 회의가 안건과 관련은 있지만 예상하지 못했던 방향으로 흘러가더라도 유연하게 대처하는 게 중요하다.

협상 전, 협상이 진행되는 동안 관계를 형성하는 게 중요하다. 신뢰를 쌓고 좋은 유대 관계를 맺는다면 사업상 좋은 결과를 가져오기도 한다. 최종 합의까지 시간이 걸릴 수 있으며 엄격한 마감 기한은 아무 효과가 없을 수도 있으므로 유연성을 발휘해 서로를 이해하는 게 중요하다. 직접적이고 분명한 화법이 환영받는 건 맞지만, 상대의 기분이 상하지 않도록 예의를 갖춰 말해야 한다. 커뮤니케이션과 상대방의 반응을 끌어낼 때 아이콘택트나 보디랭귀지와 같은 비언어적 표현도 중요한 역할을 한다.

사업상 만나는 아일랜드 사람과는 최대한 직접적인 대립을 피해야 한다. 전략적으로 행동해. 표면적으로는 일단 완벽하게 동의하는 태도를 보이는 게 좋다. 아일랜드에서는 공개적으로 반대 의사를 표현하는 경우는 많지 않으므로 행간을 읽어야 한다. 상대방이 모호하게 반응할 때가 많다. 대화 중에 침묵이 길어진다면 문제가 있다는 뜻이다. 겉으로 보이는 낙천적인 태도에 속으면 안 된다. 아일랜드 사람들은 영리한 사업가들이다.

"아일랜드 사람들은 깊은 정신세계를 가지고 있다. 이들에게 돈을 늦게 줄수록 이들의 정신세계는 더욱 심오해진다."

-아일랜드 지식인이자 정치인, 코너 크루즈 오브라이언

아일랜드의 게일어에는 '예' '아니오'를 정확하게 번역할 수 있는 대응어가 없다. 사람들이 '예' '아니오'를 정확하게 말하는 꺼리기 때문이다. 아일랜드 사람들과 대화할 때는 '아마도' '어쩌면' 같은 정확하지 않은 대답을 맞이할 준비를 해야 한다. 결정을 종용한다면 관계를 망칠 수 있다.

팀워크

아일랜드 기업들은 협력과 팀워크를 중요하게 생각한다. 모든 팀원의 의견을 존중하며 노력의 결과를 팀의 성과로 인정하는 등 팀을 하나의 통일된 집단으로 본다. 팀 구성원들끼리 협력하고 각자의 능력을 발휘해 함께 맡은 일을 완성한다. 아일랜드 기업의 리더십은 민주적인 성격이 강하며 모든 팀원이 적극

더블린에서 근무 중 함께 휴식 시간을 갖는 동료들

적으로 참여할 수 있도록 이끌어간다. 의사 결정 과정에서 팀원을 참여시킬 때가 많고 모든 구성원이 필요한 자원과 지원을 받을 수 있도록 하므로, 팀원들은 의사 결정에 적극적으로 참여하고 성과에 이바지해야 한다. 그렇다고 해서 사람들에게 압박을 가해서는 안 된다. 오히려 역효과가 일어날 수 있고 일의 진행 속도를 늦출 수 있기 때문이다. 갈등이 생기면 아일랜드 사람들은 대개 솔직하게 말하고 건설적으로 해결하려고 노력한다. 직접적인 대응은 되도록 피하려고 하고 의견이 다를 때는 최대한 예의를 갖추는 게 더 효과적이다.

기업 문화

아일랜드 기업 문화에서는 함께 어울리고 즐기는 시간이 큰 부분을 차지하며 대체로 격식 없이 가벼운 분위기다. 레스토랑이나 펍, 회사 구내식당에서 함께 점심을 먹는 경우가 많다. 사업상 관계를 맺거나 그 관계를 더 돈독히 하기 위해서는 함께 시간을 보내는 게 중요하다. 점심시간은 보통 12시에서 1시 사이다.

대화는 편안하고 즐거운 분위기를 유지해야 하며 이런 자연스러운 대화 속에 사업 얘기를 녹여낼 수 있어야 한다. 비즈니스 모임에서 술이 중요한 역할을 하지만, 과음은 금물이다. 술을 마시는 일 자체는 아무 문제가 없지만, 술에 취한 모습은 안 좋은 인상을 남긴다. 술을 마시고 싶지 않을 때는 다양한 무알코올 음료를 선택할 수 있다. 아일랜드 기업 문화에서는 어떤 자리에 있든 편안하게 즐기는 모습이 중요하다.

초대받은 자리에서는 친근하게 행동해야 한다. 아일랜드 사람들은 눈살을 찌푸리게 하는 자기 과시적인 모습은 상대방을 무시하는 태도라고 생각한다.

집에 초대받았다면 대개 저녁 7시 30분이나 8시쯤에 도착하면 된다. 초대받은 집에 방문할 때는 꼭 그래야 하는 건 아니지만, 꽃다발이나 와인 같은 작은 선물을 준비하는 게 좋다. 정장을 갖춰 입을 필요까지는 없지만, 지나치게 편한 차림은 좋지 않다. 상대가 나에게 호의를 베풀었다면 보답하는 게 일반적이다. 초대를 받아 레스토랑에서 식사를 대접받았다면 초대한 사람이 계산하는 게 맞고, 이후에 상대의 호의에 보답한다면 좋은 관계를 맺을 수 있다.

저녁 식사에 초대받았을 때는 편한 차림으로 와도 된다는 말이 없었다면 정장을 입는 게 좋다. 나이트클럽이나 고급 레스토랑에는 나름의 규정이 있어 그에 맞지 않은 옷차림은 출입을 제한하기도 한다.

· 노래 한 곡 ·

수줍음이 많거나 내향적인 성격이라고 해서 크게 문제가 되지는 않지만, 초대받은 자리에서 자기 문화의 노래를 부르거나 시를 읊을 수 있는 성격이라면 분명 환영받을 것이다. 초대해준 사람과 개인적으로 친근한 관계를 맺는 데 도움이 되고, 이런 관계는 이후 비즈니스 협상에서도 유리하게 작용할 수 있다.

【 약속 시각 】

약속 시각에 너그러운 아일랜드 문화에서도 비즈니스 약속은 시간을 잘 지켜야 한다. 사업상 만나는 아일랜드 사람이 진지하게 업무에 임하는 성격이라면 약속 시각을 잘 지킬 것이고 상대방도 그러길 바랄 것이다.

보통 이메일로 약속을 정하는 게 일반적이고 약속 전날이나 당일에 문자메시지로 다시 확인한다.

근무시간과 영업시간

아일랜드 전역의 대다수 회사는 주 5일 40시간씩, 월요일부터 금요일까지 오전 9시부터 오후 5시까지 일하고 관공서도 크게 다르지 않다.

상점들은 보통 주중 오전 9시부터 오후 6시 혹은 7시까지 영업한다. 일반적으로 대도시에서는 더 늦게까지 영업을 한다. 주말에는 오전 10시나 11시 정도에 영업을 시작하고 오후 6시면 문을 닫는다. 대도시를 벗어나면 상점의 영업시간이 길지 않고 일요일에는 쉬는 곳이 많다.

아일랜드의 식료품점은 대개 오전 7시부터 오후 10시까지 영업을 하고 주말에도 문을 연다. 북아일랜드에서는 1994년 일요일 거래법(특정 규모 이상의 자영업은 일요일 영업시간에 제한을 받지만, 소규모 상점은 일요일에 자유 영업이 가능하다 - 옮긴이)에 따라 소규모 상점은 자율적으로 일요일 영업시간을 선택할 수 있지만, 대규모 상점은 오후 1시부터 오후 6시까지만 영업할 수 있다.

관광객이 많이 찾는 장소나 대도시는 일요일 거래법에 적용되지 않아 늦게까지 영업을 할 수 있다. 연휴나 특별 할인 기간에는 영업시간을 자체적으로 조정하는 상점이 많으므로 방문하기 전에 인터넷에서 미리 확인하는 게 좋다.

은행 영업시간과 카드 사용

아일랜드의 은행 영업시간은 보통 월요일부터 금요일까지 오전 10시부터 오후 4시까지이며 간혹 일주일에 한 번씩 4시 30분이나 5시까지 영업하는 곳도 있다. 주말과 공휴일에는 문을 닫지만, 수표나 현금을 입금하거나 찾아갈 수 있도록 창구 업무를 하는 은행도 있다.

곳곳에서 현금 인출기를 쉽게 찾을 수 있고 호텔, 주유소, 식료품점, 일반 상점에서는 비자, 마스터카드, 유로카드 등을 사용할 수 있다. 레스토랑, 바, 상점 가운데 아메리칸 익스프레스 카드를 받지 않는 곳도 있으며 다이너스 클럽, JCB, 디스커버는 사용할 수 있는 곳이 거의 없다. 마에스트로, 비자, 마스터카드 등 체크카드는 모든 곳에서 사용할 수 있다. 요즘은 결제가 빠르고 본인 스마트폰으로 안전하게 결제하는 비대면 결제, 즉 단말기에 태그하는 결제 방식이 인기를 끌고 있다. 여러 가지 결제 방식이 있지만, 특히 시골 지역에서는 아직도 현금을 사용하는 사람들이 많다.

09

의사소통

코크 억양은 매우 독특한데 굳이 익숙해지려고 노력하지 않아도 코크 출신 사람들은 자부심이 강해 먼저 출신지를 알아서 얘기한다. 시골 지역에서는 전통 아일랜드어, 즉 게일어 발음에 영향을 받은 억양이 많고 도시 억양과는 확연히 구별된다. 북아일랜드 지역, 특히 벨파스트 억양은 거칠고 스코틀랜드 억양과 매우 비슷하다.

언어

아일랜드 사람이라는 매력적인 화술을 가지고 있을 거로 생각하는데, 이런 고정관념이 완전히 틀린 말은 아니다. 아일랜드에서는 유창한 말솜씨를 중요하게 생각하며 말재주야말로 소위 '크랙'의 핵심이라고 할 수 있다. 18세기부터 계보를 잇는 아일랜드 극작가들만 봐도 아일랜드 사람들이 말과 담론을 얼마나 사랑하고 즐기는지 잘 알 수 있다.

절제의 미학

아일랜드 사람들의 언어에는 화려한 미사여구와 생생한 이미지가 넘쳐나지만, 이는 부드럽고 아이러니한 절제된 표현으로 상쇄가 된다. 예를 들어 누군가 심각하게 아픈 상황에서도 아일랜드 사람들은 독한 '감기'에 걸렸다고 가볍게 넘기고 '입을 헹군다'라는 표현은 술을 한잔하러 가자는 뜻이다.

간접적으로 돌려 말하는 습관은 불편한 진실을 넌지시 알리거나 제안을 제시하는 방법으로 거절을 당했을 때 체면이

깎이는 상황을 모면하는 한 가지 방법이다. 특히 시골 지역에서 비즈니스를 할 때 이런 미묘한 행간을 알아차리는 게 중요하다.

좀 더 깊이 들여다보면, 겉으로 보이는 유쾌한 태도 이면에는 내면의 감정을 드러내기 꺼리는 아일랜드 사람들의 경향이 숨겨져 있다. 친밀한 사이끼리는 미국인들처럼 일정한 거리를 두지는 않지만, 아일랜드 사람들은 아주 친한 친구나 가족 외 사람들에게는 속마음을 내비치지 않는 경향이 있다.

소문

아일랜드는 작은 나라다. 즉 상대방에 대해 서로 알고 있으며 최소한 알고 있다고 생각한다. 소문을 빨리 퍼진다. 아이러니한 점은 다들 본인 사생활은 지키고 싶어 한다는 것이다. 결국, 본인의 사생활을 지키려고 사람들의 관심이 다른 곳을 향하도록 다른 사람의 이야기를 하는 모순적인 상황이 발생한다.

억양과 관용어구

아일랜드의 인구는 적지만, 지역마다 다양한 방언이 있으며 억양과 표현 방식도 각기 다르다. 더블린 억양이 가장 유명한데 더블린 안에서도 도시 중심부의 노동자 계층의 억양부터 더블린의 고급 주거 지역의 상류층 영어[Posh English](영국 상류층이나 고학력자들이 쓰는 격식 있고 세련된 영어로 정확한 명칭은 Upper-Class British English이며 영화배우 휴 그랜트가 포시 영어를 구사하는 거로 유명하다-옮긴이)까지 다양한 억양이 존재한다. 요즘 어린이들과 청소년들은 미국 텔레비전의 영향을 받아 살짝 미국 억양이 섞인 억양이 좋은 아침(top of the morning)이라고 인사를 건네며 항상 명랑한 모습으로 묘사되는 할리우드식 아일랜드는 실제 아일랜드와 거리가 멀다.

할리우드에서 묘사하는 "좋은 아침(top of the morning)"이라고 인사를 건네며 항상 명랑한 모습의 아일랜드 사람은 현실에는 존재하지 않는다. 실제로 아일랜드에서는 아무도 그런 말을 쓰지 않는다. 가짜 아일랜드 억양을 흉내 내는 타지인을 반기는 사람은 없다. '술에 취한 아일랜드 사람'이라는 고정관념 역시 사실과 다르다. 아일랜드 인구 중 술을 전혀 안 마시는 비율이 20%나 된다. 이런 편견과 고정관념은 아일랜드 사람들을 불쾌하게 만든다. 미국에서 어떤 용도로 쓰는지 모르겠지만, 아일랜드에서 실레일리(shillelagh, 아일랜드 전통 곤봉 또는 몽둥이로 과거에는 전쟁이나 결투용으로 썼지만, 현대에 와서는 호신용으로 쓰고 있다-옮긴이)는 단순한 지팡이가 아니라 예의 없는 손님을 제압할 때 쓰려고 바 뒤에 숨겨놓은 무기라는 걸 기억하는 편이 좋다.

많다.

코크 억양은 매우 독특한데 굳이 익숙해지려고 노력하지 않아도 코크 출신 사람들은 자부심이 강해 먼저 출신지를 알아서 얘기한다. 시골 지역에서는 전통 아일랜드어, 즉 게일어 발음에 영향을 받은 억양이 많고 도시 억양과는 확연히 구별된다. 북아일랜드 지역, 특히 벨파스트 억양은 거칠고 스코틀랜드 억양과 매우 비슷하다.

또한 게일어를 유창하게 구사하는 사람은 많지 않지만, 아일랜드 관용어구에는 게일어 용법에서 파생된 표현이 많다.

미디어

【 아일랜드 신문 】

아일랜드에는 국내외 뉴스를 종합적으로 다루는 다양한 신문이 발행되고 있다. 〈아이리시 인디펜던트〉가 더 많은 발행 부수를 자랑하지만, 〈아이리시 타임스〉는 가장 수준 높은 일간지로 평가받으며 인터넷으로도 접할 수 있다. 아일랜드 전역에서는 영국 신문도 발행 당일 아침부터 쉽게 구할 수 있다.

【 TV와 라디오 】

2012년 아날로그 전송 텔레비전 시대가 막을 내린 이후, 디지털 지상파 텔레비전 서비스인 사오르뷰^{Saorview}가 주요 방송 채널이 됐다. 아일랜드의 공적 자금으로 운영되는 아일랜드 텔레비전-라디오^{RTÉ}는 총 4개의 방송국을 운영하고 있다. RTÉ1에서는 뉴스와 시사, 예능을 방송하고 RTÉ2에서는 영화와 스포츠를 볼 수 있다. RTÉjr에서는 어린이 프로그램을, RTÉ News에서는 뉴스를 볼 수 있다. 위성 방송 서비스는 1980년대 후반 무료 지상파 채널인 아스트라^{Astra}와 구독 서비스인 스카이 텔레비전$^{Sky\ Television}$이 등장하면서 시작됐다.

현재 아일랜드에서 스트리밍 서비스를 정기 구독하며 콘텐츠를 시청하는 비율이 25%가 넘는다. 이에 따라 여러 공영 방송사와 해외 스트리밍 서비스 업체들은 북아일랜드와 아일랜드 공화국에 다양한 콘텐츠를 제공하고 있다. 아일랜드 공화국에서는 RTÉ 플레이어, 버진 미디어 플레이어, TG4 플레이어 등 무료 스트리밍 서비스를 이용할 수 있으며 북아일랜드에서는 BBCi 플레이어, 채널 4, RTÉ 플레이어 인터내셔널 등에 무료로 접속할 수 있다. 아일랜드에서도 넷플릭스, 디즈니플러스, 프라임비디오 등을 즐길 수 있지만, 다른 나라와 콘텐츠는 다를 수 있다. 훌루는 유럽에서 이용할 수 없다.

RTÉ 라디오는 아일랜드 전역에서 4개의 아날로그 채널과 5개의 디지털 채널을 방송하고 있다. RTÉ 라디오 1은 시사와

햇빛 아래 서서 신문을 읽고 있는 남성

음악 프로그램을 다루고 RTÉ 라디오 2는 최신 대중음악을 방송한다. RTÉ 라디오 나 게일턱타^{RTÉ Raidió na Gaeltachta}(게일어 전용 채널-옮긴이)는 게일어 콘텐츠와 음악을 주로 다루며 이밖에 다른 채널에서는 여러 장르의 음악을 방송한다.

인터넷과 소셜미디어

아일랜드 사람들은 인터넷 활용도가 높다. 데이터 분석기관인 데이터리포털^{DataReportal}에 따르면 2024년 기준 아일랜드 인구의 92%는 하루 평균 6시간 동안 인터넷을 사용하고 있다. 어떤 목적으로 인터넷에 접속하는지에 관한 질문에 대해 응답자의 72%는 정보 검색, 64%는 지인들과 연락 유지, 63%는 모르는 내용을 검색하기 위해서라고 답했다. 약 56% 응답자의 주된 용도는 영상이나 텔레비전 프로그램, 영화 시청이었다.

사교적인 성격이 강한 아일랜드 사람들은 2024년 기준으로 국민의 약 80%가 하나 이상의 소셜미디어 계정을 가지고 있다. 가장 인기 있는 플랫폼은 페이스북과 인스타그램, X(구 트위터), 링크드인이며 사용 빈도는 연령대에 따라 큰 차이를 보였다. 나이에 상관없이 전 연령대를 아우르며 인기 있는 앱은 왓츠앱이었다.

일반적으로 청소년과 젊은 세대들은 인스타그램과 스냅챗, 틱톡을 즐겨 사용한다. 사용 목적은 재미있는 콘텐츠를 감상하거나 친구들과 연락을 주고받고 사진과 영상으로 본인이 일상을 공유하곤 한다.

페이스북은 30대 중반부터 70대 사이에서 인기가 많은데, 주로 소통하거나 재미있는 콘텐츠를 소비하고 자신이 속한 그룹에서 어떤 일이 벌어지고 있는지 알기 위해 사용한다. 링크드인은 구직 용도로 많이 사용한다.

온라인에서 접하는 정보에 경각심을 품는 사람들도 많다. 인터넷 이용자 가운데 약 58%는 인터넷상에서 사실과 가짜를 구별하는 데 어려움이 있다며 우려를 표했다.

전화와 심카드

【 전화 】

아일랜드에는 고도로 발달한 디지털 통신망이 있으며 전국에 설치된 광역 섬유 네트워크를 통해 영국, 유럽, 북미와 연결하고 있다. 이 밖에도 아일랜드 인구의 70% 이상을 커버할 수 있는 5G 서비스까지 갖추고 있다. 비즈니스 목적으로 아일랜드를 방문한 사람들은 노트북이나 스마트폰을 편하게 사용할 수 있다.

유선 전화는 예전만큼 보편적이지는 않지만 지금도 사용하는 기업이 많다. 반면 대부분 사람이 스마트폰을 사용하고 있으며 경쟁력 있는 요금제로 인해 유선 전화를 아예 쓰지 않는 사람이 점점 더 늘어나고 있다. 아일랜드의 주요 이동 통신사는 쓰리아일랜드Three Ireland, 보다폰Vodafone, 에어모바일Eir Mobile 등이다.

아일랜드에서 해외로 전화를 걸 때는 국제전화 00 번호를 사용한다. 예를 들어 북아일랜드를 포함한 영국으로 전화를 걸 때는 상대방 전화번호 앞에 0을 제외하고 국가번호 0044와 지역번호를 붙이면 된다. 전화번호가 01632 961084라면 아일랜드에서 전화를 걸 때는 0044 1632 961084로 눌러야 한다. 반대로 외국에서 아일랜드로 전화를 걸 때는 국가번호 353(영국에서는 00 353)을 눌러야 한다.

북아일랜드의 국가번호는 영국과 같으며 북아일랜드에서 아일랜드 공화국으로 전화를 걸 때는 국제전화와 똑같이 국가번호를 눌러야 한다.

【 심카드 】

아일랜드를 방문하거나 장기 체류할 예정이라면 로컬 심카드를 구매하는 게 비용을 아끼는 가장 현명한 방법이다. 단기 방문자나 관광객이라면 편의점, 스마트폰 판매점, 공항 등에서 쉽게 구매할 수 있는 선불 심카드가 적합하다. 반면 장기간 머무를 계획이라면 주요 통신사에서 요금제 가입 서비스에 가입하는 것도 고려해볼 만하다. 선불 심카드보다 저렴한 요금 혜택과 더 많은 데이터를 제공하기 때문이다. 아일랜드에서는 보안을 강화하고 불법 행위를 예방하기 위해 심카드 등록 시스템을 운영하고 있으므로, 심카드를 구매할 때 여권이나 운전면허증 등 사진이 부착된 신분증을 제시해야 한다. 유럽연합 회원국을 여행할 예정이라면 추가 로밍 요금 없이 EU 내 다른 국가에서도 자유롭게 아일랜드 심카드를 이용할 수 있다.

마무리

아일랜드를 찾는 방문객이 할 수 있는 최고의 경험은 긴장을 풀고 있는 그대로의 모습으로 이곳의 삶을 맘껏 즐기는 것이다. 평범하지만 아일랜드에서만 가능한 특별한 경험을 할 수 있을 것이다. 물론 시도해보는 사람도 있겠지만, 오랜 세월을 보내지 않고는 아일랜드 문화의 섬세함과 미묘한 뉘앙스를 온전히 이해할 수는 없다. 그저 아일랜드 사람들 곁에 머문다고 해서 아일랜드 사람이 되는 건 아니다. 다만 이 책을 통해 아일랜드 사람들에게 무엇이 중요하고 어떤 일이 이들의 마음을 건드리는지, 아일랜드에서 무엇을 기대할 수 있을지 전달되었기를 바란다. 아일랜드의 과거, 고대와 현대를 아우르는 역사를 함께 여행했고, 이들의 가치관과 삶의 태도를 이해할 수 있었으며, 다양한 축제와 전통을 배웠다. 이 밖에도 아일랜드 사람들이 일상을 어떻게 살아가는지, 무슨 음식을 먹고 마시며 여가를 어떻게 보내는지도 엿볼 수 있었다.

아무리 애를 써도 따뜻하고 진솔한 아일랜드 사람들을 제대로 알기 위해서는 그 길 위에 올라 직접 부딪혀 그들의 방식대로 아일랜드를 만나보는 게 가장 좋은 방법이다. 진정한 발견은 그때부터 시작되는 것이다. Sláinte agus saol fada agat(슬란차 오거스 세일 팔다 오거트), 건강과 장수를 기원합니다!

유용한 앱

[여행과 대중교통]

차량이 필요할 때는 프리나우, 우버, 볼트를 사용하고 버스를 탈 때는 TFI 라이브 앱에서 최근 버스 일정표와 실시간 운행 정보를 확인할 수 있다. TFI 리프카드는 리프 톱 업(Leap Top Up) 앱에서 충전할 수 있으며, 대중교통으로 더블린을 여행할 계획이라면 트랜싯(Transit)에서 정보를 확인하고, 도시 간 열차를 이용할 때는 아이리시 레일(Irish Rail)을 이용하면 된다. 고카(GoCar) 혹은 유코(YUKÓ) 앱으로 시간당 자동차를 렌트할 수 있고, 파킹태그(Parking Tag) 앱으로 주차비를 결제할 수 있다. 본격적으로 여행에 나서기 전에 메트 에이런(Met Éireann)에 접속해 날씨를 미리 확인할 수 있으며, 지도를 검색할 때는 웨이즈(Waze), 구글맵, 히어위고(HERE WeGo)를 쓸 수 있다. 구글맵과 히어위고에서는 지도를 내려받아 인터넷이 안 되는 곳에서 사용할 수 있다. 블리퍼(Bleeper), 더블린바이크(DublinBikes), 모비(Moby)는 공유자전거를 이용할 수 있는 앱이다.

[음식과 쇼핑]

아일랜드에서 배달 음식을 시킬 때는 저스트잇(JustEat)과 딜리버루(Deliveroo)를 가장 많이 쓴다. 투굿투고(TooGoodtoGo)에서는 레스토랑이나 베이커리, 슈퍼마켓에서 남은 음식을 싼값으로 배달시킬 수 있다. 외식할 때는 오픈테이블(OpenTable)에서 근처 레스토랑을 검색할 수 있다. 아일랜드에서 주로 사용하는 온라인 쇼핑 앱은 아마존, 던스(Dunnes), 베리아일랜드(Very Ireland), 테스코(Tesco) 등이다. 크레이그리스트(Craigslist) 같은 플랫폼이 필요하다면, 아일랜드에서는 애드버츠(Adverts.ie)를 쓰면 된다. 개인이나 회사 명의로 돈을 이체할 때 레볼부트(Revolut) 앱을 제일 많이 쓴다.

[의사소통]

아일랜드에서는 메시지를 주고받을 때 왓츠앱을 가장 많이 쓰므로 아일랜드 친구들과 연락할 때 편리하게 사용할 수 있으며 왓츠앱 외에도 페이스북과 페이스북 메신저도 인기가 많다. 아일랜드에서 쓰는 게일어 단어나 표현이 궁금할 때는 구글 번역과 잉글리시 아이리시 트랜스레이터(English Irish Translator) 앱을 사용하면 된다. 텍스트와 오디오 감지 기능이 탑재되어 있어 편리하게 사용할 수 있다.

참고문헌

Alexander, Aimee. *The Little Book of Irishisms: Know the Irish through our Words*. Cork: Deegan Communications, 2021.

Behan, Brendan. *After the Wake*. Dublin: The O'Brien Press, 1998.

Biagini, Eugenio F. *The Cambridge Social History of Modern Ireland*. Cambridge University Press, 2017

Cahill, Thomas. *How the Irish Saved Civilization*. New York: Anchor Books, 1995.

Dwyer, T. Ryal. *Michael Collins and the Civil War*. Dublin: The Mercier Press, 2012.

Joyce, J. *Ulysses*. New York: Random House, 1934.

Kelly, John. *The Graves Are Walking: The Great Famine and the Saga of the Irish People*. London: Picador 2013.

Longley, Michael (ed.) *20th Century Irish Poems*. London: Faber, 2002.

McCourt, Malachy. *Malachy McCourt's History of Ireland*. Philadelphia: Running Press, 2008.

McGahern, John. *The Dark*. London: Faber, 1965.

_____ *That They May Face the Rising Sun*. London: Faber, 2001.

Montague, John (ed.). *The Faber Book of Irish Verse*. London: Faber, 1974.

Moody, T. W. & Martin, F. X. *The Course of Irish History*. Dublin: Mercier Press, 1994.

O'Brien, Flann. *The Third Policeman*. New York: New American Library, 1986.

_____ *At Swim-two-birds*. Penguin Modern Classics, 1939.

O'Toole, Fintan. *We Don't Know Ourselves: A Personal History of Modern Ireland*. New York: Liveright, 2023.

Synge, J. M. *The Aran Islands*. Oxford: OUP, 1990.

Vallely, Fintan. *Companion to Irish Traditional Music*. Cork: Cork University Press, 1998.

Yeats, W. B. *Poems, Selected by Seamus Heaney*. London: Faber, 2002.

지은이 **알렉산드라 퍼비**

알렉산드라 퍼비는 미국 조지아 주 애틀랜타 출신이지만, 2014년부터 아일랜드에 살고 있다. 처음에는 대학원에 진학하기 위해 더블린으로 이주했으나 이후 활기찬 문화와 그림 같은 풍경, 다정한 사람들에게 빠져 지금은 아일랜드에 정착해 살고 있다. 퍼비는 플로리다 주에 있는 플라글러대학에서 정치학을 공부한 후 더블린의 유니버시티칼리지에서 아일랜드학 석사 학위를 취득했다. 미국과 아일랜드의 고등 교육 행정 분야에서 경력을 쌓고 현재는 더블린에 있는 종합 대학에서 입학 전형과 연구 업무에 매진하고 있다. 시간이 날 때는 여행을 가거나 책을 읽고 블로그(Candid Alexandra)에 글을 쓰고 있다.

옮긴이 **오은수**

서강대학교 영미어문을 졸업한 후 한국외대 통번역대학원 한영과에서 번역을 전공했다. 문학 분야에서 다양한 번역 활동을 이어가고 있으며 현재 번역에이전시 엔터스코리아에서 전문 번역가로 활동하고 있다. 주요 역서로는 『에듀테크를 위한 교육 콘텐츠 기획 바이블』, 『발레리나가 되는 길: 무용수의 인생과 지혜』, 『클래식 발레 수업』, 『스포츠의학으로 보는 필라테스 티칭 바이블』, 『무한 베리에이션을 위한 요가 시퀀스 가이드』, 『위대한 개츠비(출간예정)』 등이 있다.

세계 문화 여행 시리즈

세계의 풍습과 문화가 궁금한 이들을 위한 필수 안내서